U0448056

交易的真谛

如何找寻交易的确定性

丁亮 ◎ 著

THE ESSENCE OF TRADING

当代世界出版社
THE CONTEMPORARY WORLD PRESS

图书在版编目（CIP）数据

交易的真谛 / 丁亮著. -- 北京：当代世界出版社，2025.1
ISBN 978-7-5090-1800-2

Ⅰ．①交… Ⅱ．①丁… Ⅲ．①投资-研究 Ⅳ．①F830.59

中国国家版本馆 CIP 数据核字（2024）第 000780 号

书　　名：	交易的真谛
作　　者：	丁　亮
出 品 人：	李双伍
监　　制：	吕　辉
责任编辑：	李俊萍
出版发行：	当代世界出版社
地　　址：	北京市东城区地安门东大街 70-9 号
邮　　编：	100009
邮　　箱：	ddsjchubanshe@163.com
编务电话：	（010）83908377
	（010）83908410 转 806
发行电话：	（010）83908410 转 812
传　　真：	（010）83908410 转 806
经　　销：	新华书店
印　　刷：	天津丰富彩艺印刷有限公司
开　　本：	880 毫米×1230 毫米　1/32
印　　张：	8.75
字　　数：	200 千字
版　　次：	2025 年 1 月第 1 版
印　　次：	2025 年 1 月第 1 次
书　　号：	ISBN 978-7-5090-1800-2
定　　价：	89.00 元

法律顾问：北京市东卫律师事务所 钱汪龙律师团队 （010）65542827
版权所有，翻印必究；未经许可，不得转载。

序 言
Preface

常听到有人抱怨,大好的行情总是抓不住,学习了交易技术,准确率也不低,就是赚不到钱。遇到这种朋友,我总是提醒他,看起来似乎是差一点,但是这一点却需要很多年才能领悟,这就是所谓的"望山跑死马"。

做交易必须"大胆假设,小心求证"。所有交易秘籍的背后都赫然写着两个字:人性!一个稳定盈利的交易者必然是一个看透市场、看透人性、看透自己的人,即"见天地、见众生、见自己"。

亚当·斯密在《国富论》里说:"我们的晚餐并非来自屠宰商、酿酒师和面包师的恩惠,而是来自他们对自身利益的关切。"可以说,理性经济人是自私的,希望自己的利益最大化。

但正是个体追求个人利益最大化,才使得人类的经济活动形成了可供研究的经济学规律。

没有一个交易者来到资本市场是为了亏钱的,所有交易者都希望赚钱,并且希望赚尽可能多的钱。趋利避害是人的本性,也是资本市场呈现规律性的原因之一。

无论你采用的是基本面分析方式还是技术分析方式,都是人性的趋利避害经过理性考量的结果。有意思的是，恰恰是理性孕育了非理性，交易者对利润最大化的理性追求反而造成了市场的非理性行情。

没有人会对一直上涨且不断创新高的股票无动于衷。在赚钱效应的刺激下，大家往往会无视风险，不停地买买买，最终导致股价非理性上涨，甚至严重脱离其内在价值，产生巨大的资产泡沫。

同样的道理，对于"跌跌不休"的股票，大多数资金很难产生买入兴趣。在对亏损恐惧的驱使下，大家往往会踩踏式抛售，最终造成股票非理性下跌，甚至远低于其内在价值。

可见，股价偏离其内在价值，很多时候是由经过理性考量的市场参与者的集体非理性行为造成的。

资本市场的运行方式是混沌的，时而规律明显，时而没有规律，这是由交易者理性与非理性的行为共同作用形成的。从这个角度，我们可以"见天地，见众生"。不过，最难的却是"见自己"。有人说，要经历"九九八十一难"的磨砺，才能真正"明心见性"。

本书的核心使命就是通过多维度、全方位的视角对正确的交易思想与理念加以阐述，启发并引导交易者走上成长的道路。

写作是一件非常痛苦又非常享受的事情，痛苦自不必说，需要耗费极大的心力和时间；但不可否认，写作也是令人非常享受的事情，因为这是一趟难得的与"高我"对话的旅程。

我坚持写作和传播交易认知的目的只有一个：自度度人！

我希望在帮助别人提升认知的同时，自己也能增长智慧。正如《金刚经》所言："灭度一切众生。"我的发心是希望大家都能了解市场的真相、领悟交易的真谛，最终或赚到金钱或赚到经验。

让我意外的是，在这个过程中，我自己获得的智慧超乎我的想象。"我"就是一个"管道",高维认知借由我之文字去表达。我只因充当了管道,顺带也被滋润了。

最终我发现,度人其实就是度己,并"无一众生可度"。每个人一辈子的任务就是自度而已。我写作《交易的真谛》是一个偶然,只是觉得人一辈子总要留下点什么,并不是想通过写作获得什么好处。写作对于我来说就是一种使命。

幸好,我最终完成了这个使命。所谓"因上努力,果上随缘",至于结果如何就交给市场吧。

目 录
Contents

第一章 善建者不拔

01 怎样通过自身努力成为富翁 / 002

02 天道酬勤，酬的是认知升维 / 007

03 为何要主动拥抱不确定性 / 010

04 以交易为业需"十年磨一剑" / 012

05 交易者需认识"我是谁" / 015

06 唯有正念能吸引金钱 / 018

07 你相信什么就会吸引什么 / 020

08 交易者在资本市场的能动性 / 022

09 千招会不如一招鲜 / 025

10 趋势交易的本质是什么 / 028

11 关键点，打开交易大门的钥匙 / 033

12 交易赚钱的密码是什么 / 036

13 如何在随机性中寻找确定性 / 039

14 如何寻找最佳入场点 / 041

15 如何寻找交易的确定性机会 / 046

16 分析的是行情，交易的是规则 / 050
17 不要陷入不等价的竞局中 / 052
18 看重买入成本是非常愚蠢的 / 054
19 要在趋势行情中乘风破浪 / 057
20 交易要有一颗至纯至诚之心 / 060

第二章　柔弱胜刚强

01 你交易的是你的模型而非市场 / 064
02 如何识别回档、回调与反转 / 068
03 怎样区分反弹与反转 / 072
04 如何利用洗盘 / 076
05 物极必反，贵在度的把握 / 079
06 时空不对称性，抓住短暂机会窗口 / 082
07 交易系统周期大小的取舍之道 / 084
08 少数人赚钱定律 / 086
09 资本市场是否真的随机漫步 / 088
10 经济周期来自人的行为周期 / 091
11 股价运行规律由什么决定 / 093
12 活下来，交易者的"残体自卫" / 096
13 止损的本质是证伪自己而非证伪市场 / 098
14 对止损欢喜，交易不再有敌人 / 100

15 贪婪与恐惧，究竟哪个更可怕 / 103

16 趋势是一场饕餮盛宴与残忍屠杀 / 105

17 获取财富的关键是什么 / 108

18 交易者为何要保持空杯心态 / 110

19 交易者为何要保持无知 / 112

20 所有的偶然性都有必然属性 / 114

21 正确面对交易生涯的低谷期 / 117

第三章 为者败之，执者失之

01 交易者的三种思维方式 / 120

02 交易是一场"阳谋" / 123

03 成功的密码就是抓住机会 / 125

04 唯有内心"立得住"，才能成为强者 / 129

05 交易的理性博弈荒谬 / 131

06 为什么要成为战略型交易者 / 133

07 为什么交易高手不注重技术 / 135

08 做股市中的少数派 / 137

09 确保任何误判都不能让你"伤筋动骨" / 139

10 交易赚什么类型的钱更容易 / 142

11 交易如学武，静气中孕育杀气 / 144

12 交易，保守者赢，乐观者败 / 147

13 交易能力和个人性格有关 / 149

14 如何看待量化 AI 炒股 / 151

15 犯错的时候要最小化损失 / 154

16 能人所不能，忍人所不忍 / 156

17 做交易真正的困难是什么 / 159

第四章　为无为，事无事

01 风控是交易的天字第一号保障 / 162

02 交易心法的最高境界是顺其自然 / 164

03 战胜市场随机性的三个法宝 / 166

04 交易赢家与交易输家的本质区别 / 169

05 须在易变中找到不易变的趋势 / 171

06 试错，大巧若拙的交易手法 / 174

07 投资是一场"为无为"的机会等待 / 176

08 价格形成的逻辑链条 / 178

09 交易者能力强弱取决于短板长度 / 180

10 何谓真正见过世面的投资者 / 182

11 再精准的判断力也无法改变命运 / 184

12 以价格为依据，以指标为参考 / 186

13 为何交易系统要简单化 / 188

14 从亏损到盈利的距离有多远 / 191

15 全方位分析股票及我们的应对 / 195
16 过分追求技巧，可能加速失败 / 199
17 真正的主流趋势行情都是流畅的 / 202
18 我们要等待的究竟是什么行情 / 205
19 一切技术的本质都是关键点突破 / 208

第五章　无为而无不为

01 真正的好机会都是一目了然的 / 214
02 请不要把盈亏与自尊绑在一起 / 218
03 交易大师都是情绪管理大师 / 220
04 如何建立正确的持仓观 / 222
05 为什么你总是拿不住趋势盈利单 / 225
06 给自己制造持仓的耐力势能 / 227
07 勿掉入过分探索市场奥秘的陷阱 / 230
08 自律的禁果效应与交易的一致性 / 232
09 要"为道日损"才可走上交易正道 / 234
10 如何利用资本市场的定价功能获利 / 237
11 如何避免亏损 / 241
12 从概率角度解读"无为而无不为" / 243
13 技术性优化与内卷式交易 / 245
14 随意重仓最致命 / 248

15 什么样的风险才是真正的风险 / 250
16 交易的自律与悟道的区别 / 252
17 彻底聚焦，勇敢取舍 / 254
18 交易反人性就是预期你的预期 / 256
19 把精力倾注在不变的确定性上 / 260
20 回归初心，走上投资的正道 / 263

后记 / 265

第一章 善建者不拔

01
怎样通过自身努力成为富翁

当财富来到的时候,它来得如此急、如此快,使人奇怪在那艰难的岁月,这些财富都躲到哪里去了。

——拿破仑·希尔《思考致富》

如果你生于富裕家庭,那么有可能你的起点就是很多人的终点,你是幸运的,只要德行好,能守住财富,大概率会一直富裕下去。但如果你出身寒门,需要白手起家,那么你就要规划你的事业,通过正确的选择和行为来积累财富。

幸运的是,白手起家成为富翁,是有迹可循的。我研究了大量白手起家的富翁,发现想要赚取大量财富,最常见的两条路是创业和投资。年轻时积累本金与经验,而后通过投资或创业来实现财富增值。

归纳下来,那些赚取大量财富的人都做了符合致富底层逻辑的几件事。

选择了正确的行业

什么是正确的行业?简单来说,就是能够给你带来超额收益的正当行业。

俗话说"男怕入错行,女怕嫁错郎",然而在当下,无论男女都要选择正确的行业。这种行业需满足两个标准:一是朝阳行业,二是具备长期积累性。

对年轻人而言，朝阳行业是最优选择，原因有二：一是成熟行业已经完成了财富分配，结构非常稳定，年轻人需要花费很大的力气才能获得一定的职位，性价比低；二是年轻人思维活跃，对新鲜事物有天然的好奇心和做好的动力，在没有认知差的情况下，年轻人优势更大。

朝阳行业一般都伴随着创新，不管是模式创新还是技术创新，年轻人都更有机会打出一片天地。对于中年人来说，需要的是积累，他们的竞争力是长期持续性的经验与认知的积累，因此要考虑选择具有持续性、可积累的行业。

不论是创业还是投资，我们一定要明白，努力和赚钱没有必然联系，有的行业很辛苦却不赚钱，有的行业很赚钱却不辛苦，前者赚的是社会平均利润，后者赚的是超额利润。赚取趋势红利产生的超额利润是致富的关键。

善用杠杆

杠杆是非常高效的工具。阿基米德说："给我一个支点和一根足够长的杠杆，我可以撬动整个地球。"善用杠杆，可以用少量付出获得更多回报。

杠杆分为两种：一种是显性杠杆，简单直观，就是杠杆交易，比如首付买房、融资融券买卖股票等；另外一种是隐性杠杆，难以察觉，比如在朝阳行业的企业就业、从事边际成本递减的工作等。

显性杠杆是一把双刃剑，在顺周期的时候是助涨的，在逆周期的时候是助跌的，因此难以把握。想要用好显性杠杆，我们需要把握好两个原则：一是顺周期加杠杆，逆周期去杠杆；二是资金规模小时加杠杆，资金规模大时去杠杆。

隐性杠杆，是任何时候都需要利用和研究的，包括合理利用各种工具和边际成本递减规律。合理利用各种工具就是"磨刀不误砍柴工"，就是"工欲善其事，必先利其器"。人类文明的起点是火的使用，这就是工具不可思议的威力！

边际成本递减规律，是更为隐秘的杠杆。成本优势是企业核心竞争力之一。商品成本低才可能有市场优势，如果一味压低商品售价而不压低成本，企业很难盈利。对企业来说，规模效应是以成本优势为基础的，当商品成本随着生产规模的扩大而降低时，企业才具有做大的潜力。

对于个人而言，做出卖劳动力和时间的工作很难实现财务自由。普通的体力劳动者，讲究的是"一分耕耘，一分收获""手停口停"，这样的工作属性没有杠杆，也不可能获得超额收益。而销售、写作等工作在理论上是可以在单位时间内产生无限价值的，这种工作随着规模的增大，边际成本会趋近于0。

长期主义者

坚持长期在一个正确的赛道"滚雪球"是致富的保证。

长期主义关乎个人经验的积累，更关乎事物的周期性。短期而言，如果你运气好，刚参加工作就赶上朝阳行业的起飞期，你极大概率会"年少得志"。

但是对于大多数人而言，只能秉持长期主义，死磕一个领域。

股市有股市的周期，实体企业有实体企业的周期，周期性是一种客观存在的规律，不以人的意志为转移。那些真正赚到大钱的人无不是长期坚持深耕一个行业，熬过了寒冬，最终迎来了盛夏。

"结硬寨,打呆仗"才是真正的大智慧。所谓"大巧不工",那些试图躲避寒冬的企业家或者投资人,也很难收获完整的顺周期红利;那些看似聪明在多个行业或周期之间反复横跳的人,最终的收获未必有多好。

资本市场具有周期性,但我们很难掌握。如果你试图避开所有逆周期的回调,那大概率也会错过顺周期的大行情。有经验的投资人都知道,一旦市场行情启动,很多时候会在短时间内上涨很多,留给大资金入场的机会并不多。

当你成为一个长期主义者,你只需要在逆周期时保证相对安全,一定会等来顺周期的好时光。作为投资者,如果短时间内没有行情,那么你只要保证本金安全就好,因为从长期来看,好机会一定会出现。对长期主义者而言,一切都是可规划、可控制的。

抓住一波大机遇

《孙子兵法》有言:"故其疾如风,其徐如林,侵掠如火,不动如山。"

长期主义者,在逆周期时会控制风险,到了顺周期时就会"侵掠如火",扩大战果,咬定青山不放松,将果实尽可能多地收入囊中。

要深刻体悟一点,即大行情好多年才有一次,等到了,那是你的幸运,千万不要错过。

畅销书作者塔勒布采用的"杠铃交易策略",建议投资者在两个极端分配资产:一方面可以进行高风险高回报的投资;另一方面可以进行低风险低回报的投资。这种策略可以使投资者有机会在高风险的投资中获取高额利润。

低风险低回报的投资只能带来稳定性，高风险的投资才可能带来超额收益。很多投资人平时都是小赢小亏，他们等的就是这种高风险高收益的投资机会。

成功的秘诀就是在正确的时间做正确的事情。千万不要在该谨小慎微的时候盲目大胆，在该放手一搏的时候畏首畏尾！

期货传奇人物傅海棠在刚做期货的时候，连亏了9年，负债高达200万。后来，他决定暂停投资等待机会。大概两年后，他等到了大蒜行情，赚得盆满钵满。

用德行守住财富

随机性是这个世界的运行规则之一，造成了天然的不公平。有的人天生富贵，有的人天生聪慧，有的人运气爆棚买彩票中大奖，这是我们无法改变也羡慕不来的。然而，"金玉满堂，莫之能守"，长期看，能守住财富的没有几个人。

很多人赚过大钱，却守不住。凭借运气赚到的钱，最终会因为实力不足而亏掉。

金钱永不眠，没有人可以永远拥有金钱，就算你把金钱藏在地窖中，它也会随着时间的流逝而贬值。

说到底，金钱不过是一种社会资源的使用权，你能够恰如其分地配置资源，提高社会资源的价值，你的金钱就会增值，否则，它很快就会离你而去。

"福来者福往，爱出者爱返"。如果说赚钱靠的是运气与魄力，那么守住财富靠的就是认知与德行。守住财富最好的办法是为社会创造更多价值。

02
天道酬勤，酬的是认知升维

> 整天工作的人，是发不了财的。财富是对认知的补偿，而不是对勤奋的奖赏。
>
> ——洛克菲勒

许多老板喜欢在办公室挂"天道酬勤"四个大字，以勉励自己勤奋向上，努力工作。然而，很多小老板尽管非常勤奋，却避免不了负债累累或公司倒闭破产的命运。

不少老板不禁感叹："我那么勤奋，为什么却负债累累？"

我认为，这是他们的自我角色与价值定位产生了偏差。一个人，如果只想赚点钱过日子，那么打工是最好的选择；如果想实现财务自由，那么可能创业和投资才是正确的选择，而创业的本质也是押注实体赛道的投资。投资是认知的变现，与传统意义上的勤奋没有绝对的因果关系。

所谓"天道酬勤"，表面上是说，只要下苦功夫，就必定会有所收获，但实际上不完全是这样。一旦你的角色变成了投资者，市场就不再按照你的努力程度来衡量了，而是从你的内在思想与认知、决策与判断，即对大趋势和方向的把握来衡量。

这就像水手和船长的区别，船长不用努力驾驶船只，但他对船的安全和方向负有重大责任。船长的报酬是由他的判断能力、协调能力、管理能力、责任心等无形的付出决定的，与表面的勤劳没有太大关系。

那么,"天道酬勤"的意义何在呢?一个不善于把握机会的人,是无论如何都没有办法取得成功的。

机会总是在不经意间出现,要抓住它,还是要靠你自己。所谓"自救者天救之",一个人想要成功,不能"等、靠、要",而是要升维认知、抓住机会、自力更生、发奋图强,这就是天道酬勤的意义所在。

不过,如果你走在错误的道路上,那么不管你多勤奋,结果也不可能太好。如果你在江苏,你的目标是北京,你却往海南走,那么你的速度越快,你越努力,你离你的目标就越远。

这不禁让我们思考,天道酬勤,应"勤"在何处?"酬"的又是什么?

有一天,我陪孩子去公园玩,他在小河边捡到一颗漂亮的鹅卵石,但美中不足的是表面有些污点。他说这个石头真漂亮,但好可惜啊,这么脏!

我说,你为什么不去用水洗洗,再打磨一下呢?他照做了。不一会儿,一颗晶莹剔透的鹅卵石出现在我们眼前。

这颗鹅卵石的自性是没有污点的,但表面沾染了污渍,让它无法显出本色,我们要做的就是"时时勤拂拭",而这个语境下的"勤"就是天道所要"酬"的。

因此,天道酬勤,酬的是提升认知的辛勤。

做交易是一个探索的过程,很多交易者一辈子陷在寻找市场价格波动的所谓规律中不能自拔,但是他们的这种勤奋没有任何意义,只是在表面现象上打转,哪里找得到不变的规律呢?

只有极少数人,返回了自身,从自身找原因,才发现,这一切不过是人性问题。追随市场即可盈利,但人性的贪婪与恐惧会让人产生妄念,试图走在市场前面,这可能恰恰是让交易变复杂,导致交易者亏损的原因。

交易是一个人的战斗,你需要认识你自己,了解你自己,升维认知,最终管理你自己。

03
为何要主动拥抱不确定性

有钱的人可以投机,没钱的人必须投机!

——安德烈·科斯托拉尼

梅花创投创始合伙人吴世春在一次采访中说:"穷人翻身的机会就是下重注,没有筹码数量就要有倍数,均匀下注不可能翻身成功,重注包括金钱、时间、精力、忠诚……"

穷人和富人的思维方式是不同的。正应了那句网络流行语:"贫穷限制了我们的想象力。"穷,是一个怪圈,它会让你被迫安于现状,不思进取。为了吃饱饭,穷人已经用尽了全部心力,哪里还有时间思考未来?为了填饱肚子,当下尚且自顾不暇,如何坚持长期主义?

是的,这些都是理由,不过别忘了,你是想发家致富的!既然如此,你就必须打破贫穷的怪圈,否则永远无法跳出来。

想要跳出怪圈,就不能求稳,求稳永远出不来。当你只有少量本金的时候,你的选择是什么?当然是押注具有不确定性的大趋势!这也许是你唯一的翻身机会。

有朋友问,那亏了怎么办?实际上,有这笔钱你的生活水平也不会大幅提高,没有这笔钱你也不至于吃不上饭。即便亏了钱,你也会得到经验。这些经验或许可以让你以后不亏钱。

那么,押注什么呢?你可以押注股市,也可以做期货交易,当然，看准机会去创业也是一个选择。

腾讯的创始人马化腾的第一桶金就是炒股赚来的。1993年，马化腾设计了一个"股票分析系统"，卖了5万元。而后他进入股市，用10万元本金，在短时间内炒到了70万元，这为他日后创业奠定了基础。

年轻人的资本是时间足够多，穷人的资本是不会失去大量财富。

富人已经很富有了，怕的是不确定性，但是穷人不一样，如果没有不确定性，恐怕很难翻身。

穷人想翻身并不容易，所以要主动拥抱不确定性，遇到机会要珍惜。对于自己看好的机会，要敢于重仓出击。

04
以交易为业需"十年磨一剑"

> 永远不要沉迷于某笔交易之中,要放弃糟糕的交易,保留盈利的交易,管理好自己的金钱和交易。
>
> ——拉里·威廉斯

投资和创业本质是一样的,都符合幂定律。这个定律描述的是一种非线性关系。就像烧水,100℃是分界线,在一般情况下,低于这个度数,水不开。在水开前,你无论如何都看不到成果;但是一旦温度到了,水瞬间就开了。

有人说,投资应该是人生最后一份职业,在个人心智、经验、认知尚不足的情况下从事这份职业,注定会很辛苦。投资的本质是认知的变现,交易者需要站在很高的维度看待资本市场,这是一项极富挑战性的工作。

投资的使命是优化资本配置,让价格与估值回归合理区域。投资是运筹帷幄、决胜千里,而非躬身劳作、埋头苦干,是慧眼识珠、冰心见月,而非鼠目寸光、一叶障目。

想要在资本市场生存是很不容易的,必须承受常人难以承受的压力,克服常人难以克服的困难。

如果你看明白了资本市场的危险,可能会望而却步,因为如果投资真的很简单的话,世界上就没有其他职业了。

交易员是公认的最难培养的。在华尔街,培养一名成熟的交易员大约需要15年时间。据统计,华尔街的交易员升任基金经理的平均年龄是42岁,算下来,起码得从业20年才能熬到这个位置。

那么,交易到底难在哪里呢?说起来,答案是显而易见的:一是资本市场太过复杂;二是交易需要逆人性;三是市场具有不确定性,但没有人可以消除这种不确定性。

学习投资的过程犹如凿井。只要地下有水,你只管不停地凿,早晚会享用到甘甜的泉水。只是,这个过程异常艰难,半途而废的人很多,大部分人在凿到一半还看不到水时就放弃了,他们会给自己找各种办不到的理由,并开始找寻新的出路。打听到有人淘到了金子,他们就头也不回地去淘金了。

然而,淘金也并非易事。虽然地球上有很多金矿,但真正值得开采的却寥寥无几。金矿往往隐匿于地势险要、环境恶劣的地区。不出意外,这些人又放弃了。于是,他们在各个领域跳来跳去,最终浪费了半生,却一无所获!

这是为什么?原因很简单,在对待所谓的"困难"时,他们退缩了。在这里,我们必须思考一下,到底什么叫作"困难"?实际上,所有的困难都不过是一种主观体验而已。当你与目标的距离远到你无法接受时,你就会主观体验到困难。

有人说,不能在一棵树上吊死,及时止损也是必要的。事实确实如此。有时候我们要坚持,有时候我们不能坚持,这取决于困难到底来自哪些方面。

一般而言,困难来自三个方面:一是客观条件不允许,二是个人能力不够,三是自我设限。当客观条件不允许时,你的努力都是白费,这时你要赶紧撤退;当你个人能力不够时,你要么玩命补课，要么找到喜欢的领域继续玩命补课；当你自我设限时，就要关注自身内心的能量，要觉察限制性观念的影响，要锻炼一颗强大勇敢的心，去承受更多生活的磨难。

以交易为生是很难的，会让人备受折磨，而且结果也不可预测，你可能会实现财务自由，也可能会一无所获，还浪费了时间。

要做好投资，一方面你得拼命补齐理论与技术方面的短板，另一方面你还得在实践中磨砺心性。

做交易需要"十年磨一剑"的精神，火候不到，即使你懂得了所有道理，得到的依旧是亏损的结果；但是当你克服万难，超越了某个阈值，自然也就成功了，所以"欲速则不达"是有道理的。

努力到极致，自然有收获。

05
交易者需认识"我是谁"

未曾生我谁是我？生我之时我是谁？来时欢喜去时悲，合眼朦胧又是谁？

——爱新觉罗·福临《赞僧诗》

最消耗一个人能量的莫过于精神内耗。所谓精神内耗，就是人在自我控制过程中消耗的能量多于自身产生的能量，人处于一种内耗的状态。精神内耗的人，大脑整天都在胡思乱想，一件简单的小事，都会被放大数倍，什么都没做，却感觉疲惫不堪，最终失去行动力。

作为交易者，认识"我是谁"是投资修行的起点。我们可以借助心理学深刻剖析这个"我"。心理学家弗洛伊德认为，人格由本我、自我、超我构成。人们的一切心理活动都能够从三者之间的关系中找到答案。

本我是人格结构中最原始的部分，遵循享乐原则，是受人的潜意识支配的。作为原始的、本能的生理需求，本我总是急切地寻找发泄口，一味追求满足。本我会无意识地趋利避害，避免痛苦、逃避付出、贪图享乐。

超我位于人格结构的最高层，遵循至善原则，代表良心、社会准则和自我理想，是在社会规范、伦理道德、价值观念的影响下逐渐形成的，它的形成是人类社会化的结果。超我有三个作用：一是抑制本我的冲动，二是对自我进行监控，三是追求完善的境界。

自我位于本我和超我之间，遵循现实原则，其作用是调节本我与超我之间的矛盾。自我一方面以合理的方式满足本我的需求，另一方面又受制于超我，在自身需求和所处现实环境中进行调和。

自我的心理能量大部分消耗在对本我的控制和压制上。任何能称为意识的东西都在自我之中，或许还包括一些无意识状态的东西。

简单说，本我是人的本性，本质上是人的动物性；自我是现实人格，本质上是人的人性；超我是理想目标，本质上是人的社会性或者觉悟。

对此，弗洛伊德有一句名言："本我过去在哪里，自我即应在哪里。"自我像一个受气包，处在"三个暴君"——外部世界、超我和本我的夹缝里，努力调节三者之间相互冲突的要求，所以说，自我永远是矛盾的。

而那个生活在别人眼里的"我"，就是本我、自我、超我三者斗争后的平衡或者非平衡状态。平衡状态是常态，非平衡状态就是失态。

我们看，在交易中，本我就是那个随心所欲受情绪支配的我。它在市场大涨的时候贪婪，在市场大跌的时候恐惧，为了最大化盈利，频繁加大或减小仓位，去赌价格的高低。

自我，代表理性，愿意遵从客观规律，能够按照合理的交易策略和方法进行交易。自我可以基于超我的认知高度和现实环境进行理性分析和预判。

超我，在交易中表现出来就是后天逐步习得的价值观念，比如"顺势交易""价值投资""敢于持长"等，这是我们建立交易系统的基础。

从某个角度说，市场没有其他人，只有你自己。交易这件事情，本质上是自己与自己的战争，是"本我"与"超我"的博弈。

06
唯有正念能吸引金钱

> 无善无恶心之体，有善有恶意之动，知善知恶是良知，为善去恶是格物。
>
> ——王阳明

阳明心学主张"知行合一"。很多人对此有误解，自己做了坏事，却把王阳明的主张当作挡箭牌。

实际上，王阳明所主张的"知"并不是简单的知道，而是"致良知"，这个良知就是一个人人格中的超我。

阳明心学的知行合一，正是要让人们知道，一念起处即是行。

因此，阳明心学其实是在念头上做文章的。当你冒出不好的念头时，就要把这个念头给"格"掉，从内心深处清除，即"格物致知"。格物致知的目标是让"本我、自我、超我"三者统一，用超我去规范自我和本我，最终达到"此心光明"的境界。

可以说，一个人的念头就是其主观世界的投影。如果你的梦想是赚钱，内心却是犹豫、焦虑、气馁，甚至是绝望，那如何创造财富呢？

因此，"心想事成"这个成语并不只是祝福语，如果你的信念专一，至纯至诚，你内心所想很可能会成为现实，这就是知行合一的意义所在。

欲成大事，仅仅有聪明的头脑是远远不够的，还要靠强大的信念！当你带着信念做一件事情时，你根本不会在乎所谓的困难，因为你的目标是"诗和远方"。

信念是什么？信念是一个人内心笃定的正念。

从行动的角度看，当你强化这种信念时，你是不可能在家坐着无所事事的，因为只要你看到机会，就会有强烈的动机去抓住机会。譬如，一个饥饿的人看到了鸡腿，他会坐在那儿不动吗？那是不可能的。

做交易也是如此，判断一个交易者能否盈利，只需要看他对资本市场的态度即可。如果他是喜悦的、愉快的，没有任何负面情绪的，那他一定是一个高手。

那些亏损的人，你去研究一下，无一不对市场有抵抗情绪，更没有一个态度是积极的。他们认为自己亏钱只是因为技术不够好，从来没有考虑过可能是负面情绪影响了他们。想让他们转变非常困难，因为他们总是和市场不好的方面纠缠不休，总是抱着亏损的投资品种不放，于是眼里也就看不到机会了。

记住，你的观念很重要。如果你的认知维度低，哪里都没有机会；如果你的认知维度高，机会随处可见。

07
你相信什么就会吸引什么

> 注意力是我们心灵的唯一门户，意识中的一切必然都要经过它才能进来。
>
> ——乌申斯基

随着阅历的增加，我对吸引力法则的认知也在加深。我认为吸引力法则是真实不虚的，也是绝对存在的，但是我不认可胡乱扣帽子式的解读，因为吸引力法则是有其底层原理的。

简单来说，吸引力法则就是你相信什么就会吸引什么。这背后的原理是，我们的大脑会自动解读与反映外界信号，并过滤掉我们不感兴趣的事物，让我们将注意力放在我们感兴趣的人、事、物上。

可以说，我们主观认知世界中的人、事、物都是我们自己吸引来的。

康德认为，"人为自然立法"。这句话也解释了吸引力法则存在的原因。自然并无善恶之分，它并不会因为你相信好的事情，就不让坏的事情发生，而是说即使坏的事情发生了，你也不执着，不投入你的注意力。这类似吸铁石，你把铁、塑料、棍棒和泥土都放在吸铁石下面，它只吸铁，其他东西对它而言就像不存在。

幸运的人只关心让他幸运的事情，那些不幸的事情就算发生了,也会被他忽视。他会把一切挫折都当作成功的垫脚石,于是在他的世界里,就没有什么是不幸的了。

吸引力法则告诉我们,你执着于什么,你的注意力就会在哪里,你就会吸引什么,最终也会得到相应的结果。

交易者在这方面的体会应该更深,去看看那些优秀的交易员,他们之所以能赚钱,并不是因为他们遇到的都是好行情,而是因为他们懂得取舍之道,知道等待有利的行情到来。

市场行情该好的时候好,不好的时候并不会因为谁的交易而有所不同。成熟的交易者与不成熟的交易者的最大区别在于,虽然他们在行情不好时也会做错误的交易,但是他们不会与不好的行情纠缠不休,而是会及时从不利的境遇中脱身。

面对账户的亏损,成熟的交易者不会纠结太久,总结经验后,他们会继续积极乐观地迎接幸运与美好的到来。

幸运的人总是试图让自己幸运。他们既不会因行情不好而纠结,也不会因账户亏损而纠结,这些事根本就伤害不了他们。由此可见,幸运是一种选择,因为你的注意力在哪里本就是你的选择!

08
交易者在资本市场的能动性

> 是以立天之道,曰阴与阳;立地之道,曰柔与刚;立人之道,曰仁与义。兼三才而两之,故《易》六画而成卦。
> ——《易经·说卦》

"三才者,天地人;三光者,日月星。"《三字经》中的这句话,寓意深刻。"三才"是指天、地、人。刚好,做交易也涉及三个主体,即市场、账户、交易者。

市场是天,统御地与人,有下跌与上涨;账户是地,有盈与亏,可轻仓或重仓;人是交易者,要顺天应地,可顺势交易或逆势交易。

"唯人独能偶天地",人是有主观能动性的,这种主观能动性体现在体察天道,参悟地道。唯有顺天应地,使自身适应环境,才能成就价值人生。

天有不测风云,阴阳变幻莫测,但"变"藏在"不变"之中,是有规律可循的。譬如,"春种,夏长,秋收,冬藏",有形的四季在轮回,无形的周期就是规律。

资本市场就是交易者的天,市场存在"筑底、上涨、筑顶、下跌",交易者的主观能动性体现在"正确的时间做正确的事情",即牛市做多,熊市做空。但你千万不要认为这很简单,我花了很长时间才做到。

市场趋势是可以被我们观察到的,但需要定力和等待。人的主观能动性最容易犯的错误就是"胡作非为"。对于大部分交易者来说,亏损并非因为他们看不出牛市或熊市,只是因为他们在牛市中自以为是、高抛低吸、反复横跳,在熊市中心存侥幸、逆势重仓、争抢反弹。

顺天应地,必须放下自我,保持谦卑。但是这对于自以为聪明的人来说很难。

一切亏损都是因为与趋势对抗,认为自己可以"逆天而行",殊不知,我们只是游戏中的角色,前进的路径已经确定,只是需要我们主观选择而已,如果此路不通,就要重新选择,而非一条道走到黑。

比如2023年的A股市场,有人问我怎么看,我说我买了几只股票试水,结果都没赚钱,于是就空仓了,之后就没再参与。我认为这是正确的行为,我不觉得在熊市中一直亏损却一直坚持是正确的行为。市场让你亏钱其实就是在警告你:现在没机会,不要买入!但很多人就是执迷不悟,市场拿大喇叭喊也喊不住他们,这真的是没有办法的事情。因为人是有主观能动性的,人是有选择的权利的。

你要懂得"种瓜得瓜,种豆得豆"。一切的果都是自己种下的因得出的。

做交易也一样,你本可以盈利,因为市场永远有机会。但你有选择的权利,你若选择在错误的时刻重仓,就很有可能大亏,甚至爆仓。

当我们看到市场回暖,有一只股票上涨力度比较大时,我们轻仓买入。这时若这只股票价格下跌,就是市场在告诉我们,"你可能判断失误了,不要加仓"。因为你不知道市场接下来会怎么走,于是你选择观望,一旦股价跌破你的止损位,就要果断清仓!

不过,如果股价只是回档一下后继续上涨,你的账户开始盈利,那么股价一旦突破前期高点,就到了你的加仓位,盈利的账户就是你做对的证明!这时你要耐心持有,继续倾听市场的声音,直到市场暗示你卖出的时间到了,比如出现了放量滞涨、动能衰竭、技术背离等(见图1.1)。

学会倾听市场的声音很重要,需要你"放下自我""为而不争"的人生智慧。

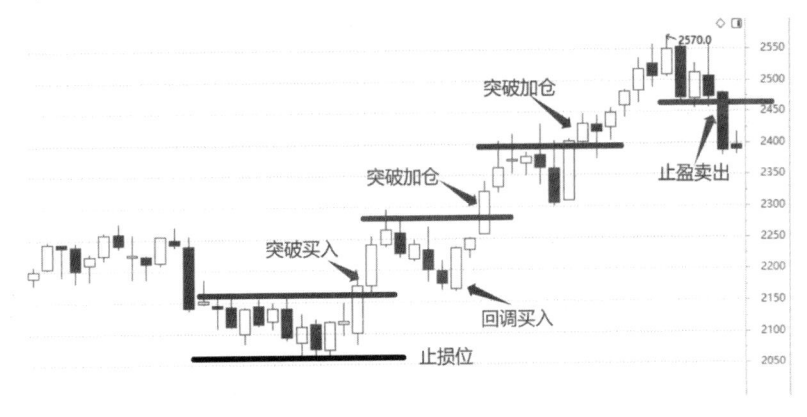

图1.1 买入、回档与加仓

09
千招会不如一招鲜

> 我不怕学一万种腿法的人,我怕的是一种腿法练一万次的人。
>
> ——李小龙

如今,关于投资理论和交易方法的书籍可谓汗牛充栋,极大地满足了市场参与者的好奇心与求知欲,但是我们发现,那些对各种交易理论和方法如数家珍的人,却并未取得多好的投资收益。

记得很多年前,和我在一个交易室工作的同事对波浪理论研究得非常透彻,什么大浪套小浪、黄金分割线,每次晨会上他都会滔滔不绝地分享他的研判结论。那个时候我刚入行没多久,完全没有办法理解他那些高深的理论究竟意味着什么,只是莫名持怀疑态度。

但我觉得,多学点知识总归是好的,于是对各种技术指标和投资理论开始了为期 5 年孜孜不倦地探索。结果呢,大家应该都能猜到,真可谓"满腹诗书""穷困潦倒"。

当我经历一次次市场打击痛定思痛后,特别是当我接触了国学,读到《金刚经》中的"法尚应舍,何况非法"时,我豁然开朗!

原来所有的理论其实都是手指明月的"方便说",为了说明问题,你不得不表达。只要表达,就会产生概念;只要有了概念,聪明的人就会发展成理论,于是各种交易理论层出不穷。

只是大部分交易理论和方法都是"非法的",偏离了市场,希望先于市场看到底牌,殊不知,市场的底部是多空博弈的结果,是在一步步试探中走出来的。

因此,对待交易理论,我们要学会甄别,更重要的是,简单的招数要反复练,正所谓"复杂的问题简单化,简单的问题标准化,标准的问题流程化,流程的问题重复化"。

记住,一切交易方法都要服务于我们,而非我们受制于它。我们要利用一套交易方法构建自己的交易系统,先易后难,千万不能舍本求末,去追求那些花里胡哨的高级技术。

对我来说,当我明白禅宗"佛来佛斩,魔来魔斩"的道理后,我推倒了那一座座理论的大山,然后在废墟中重建了我的交易系统。我的思路是这样的:我认为资本市场价格的波动是因为买卖双方的博弈,买的比卖的多,价格上涨;卖的比买的多,价格下跌;买卖双方势均力敌,价格震荡。我要做的,不过观察谁的力量更强大。

基于这个思路,我们可以用一根均线来研判趋势,也可以用MACD(异同移动平均线)背离来抓取趋势反转。不论是哪种,只要毫不动摇地坚持使用就可以了。慢慢地,我们会发现,在处理好一些细节后可以更好地获得成本优势,也可以达到长期盈利的目的。

本书只倡导一种交易模式——突破。这个突破就是对震荡方向的确认,我们只参与突破后的简单流畅行情,不在震荡行情中浪费时间和精力。我会从各个方面向大家展示突破交易的作用、价值、意义与实战结果。

在这里，我要强调的是，你在构建交易系统时，一定要追求极简，要让它简单到儿童都可以执行的程度。相信我，唯有这样，你才能赚钱。为什么？原因很简单，因为市场走势经常自我矛盾，每个点位都充满各种可能性，这使得识别市场机会变得很难。如果你无法识别机会，势必会带来两个后果：一是没有买卖依据，二是频繁胡乱买卖。

你应该不断精进自己的交易系统，而不是探索各种策略。如果你想有效识别机会，就必须把交易系统简化，然后反复练习使用。

交易系统就像你的伴侣，它会伴你走过艰辛坎坷的交易之路。千招会不如一招鲜，关键点突破法运用好了会让你受益匪浅。

10
趋势交易的本质是什么

我们要寻找一匹获胜概率是二分之一、赔率是一赔三的马。

——查理·芒格

我们只要拥有一个证券账户，然后选择一只股票，点击买入，就成了一个交易者。但我在和一些朋友交流时却发现，他们对交易者缺乏正确的认知。他们认为他们是来赚钱的，结果亏损却成了他们的常态。

在我十几年的交易生涯中，有很长一段时间都在思考，交易究竟是什么，交易者是干什么的。

我们先思考一个问题：每个人都需要金钱，那么如何赚钱呢？一般来说，我们可以去打工，用我们的劳动力赚取工资。这就是以货币为媒介的交换行为，即让渡一种权利去换取货币，这属于交易。二级市场的交易其实也是一种交换，即用潜在风险去交换预期收益，交易者所承担的风险就是试错成本。

实际上，趋势能形成是因为市场中的交易者达成了阶段性共识。趋势是必然存在的，而趋势交易就是通过试错的方式来捕捉趋势性机会。

要注意的是，风险不等于损失，它只是测量损失可能性的概率，比如风险高，意味着造成损失的可能性大。

你愿意冒多大的风险去换取多大的收益？比如，你愿意拿

1份风险换取5份收益，还是愿意拿1份风险换取1份收益，又或者是拿1份风险换取0.5份收益？很明显，拿1份风险换取0.5份收益划不来，但是实际上，所有的亏损者都是这样选的。这很符合人性：厌恶风险，追求确定性——亏损的单子大概率扛回来，盈利的单子赶紧了结。

那么，如果我们追求用1份风险换取5份收益呢？

这很好，是精明的商人所为，但问题是市场提供的这样的机会很少，这需要我们有极大的耐心，而且胜率并不高，大概只有40%，难免会让人在执行中崩溃。

但这是交易者的"正道"！

因此，用一句话概括，交易的本质就是用合理的风险去博取划算的收益。所有交易策略和交易系统都是围绕交易的本质展开的。

对于价值投资者而言，交易的策略就是低买高卖，即等到市场低估时买入，等到市场高估时卖出，考验的是投资者的耐心。

高水平的价值投资者并不执着于市场绝对低估，当他们预判市场增长速度足够快，足以抵消较高的估值时，也会买入。但这里会有巨大的不确定性存在：未来怎么预测呢？这考验的是投资人的眼光。

对于趋势交易者而言，交易的策略是高买、更高地卖，或者低卖、更低地买。他们所依托的是趋势的力量。

下面我将从趋势交易的角度来阐释一套均线交易系统，以及我在实战中的应用。这套均线交易系统采用的是5日均线、10日均线和20日均线。

均线系统对应K线图的三种形态是凌乱、黏合、发散。黏合阶段时间最短，是行情的"加油站"，而我们会在黏合突破阶段选择买入，享受上涨的趋势行情（见图1.2）。

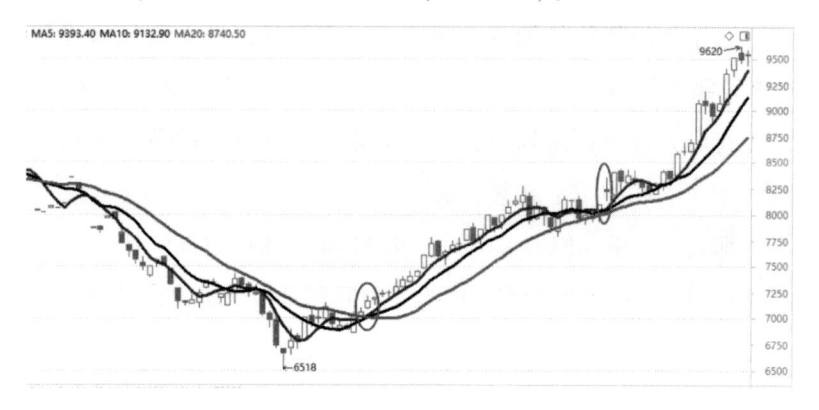

图1.2 三条均线黏合后的向上突破类型一（画圈位置）

均线趋势战法是根据K线对震荡行情的突破做决策。均线黏合在一起代表大多数交易者的持仓成本趋于一致，市场行情面临方向选择，一旦K线突破黏合阶段，就意味着市场选择了方向。

通常止损位设在突破K线的下方，一旦趋势启动，就是一波非常流畅的大行情，赔率是非常高的（见图1.3、图1.4）。因此，这种交易方法对胜率并不看重，是典型的赔率型交易系统。

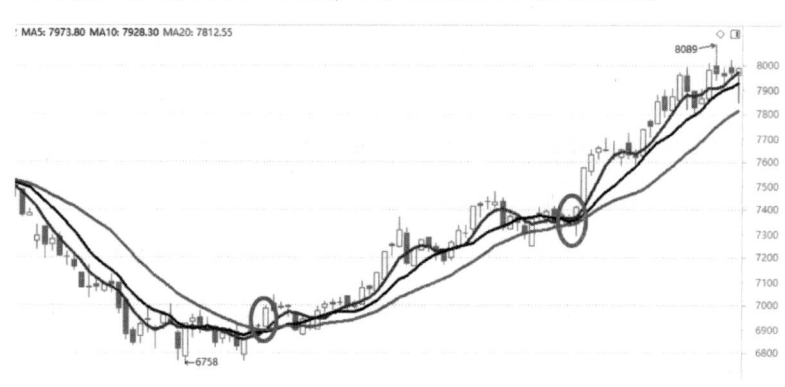

图1.3 三条均线黏合后的向上突破类型二（画圈位置）

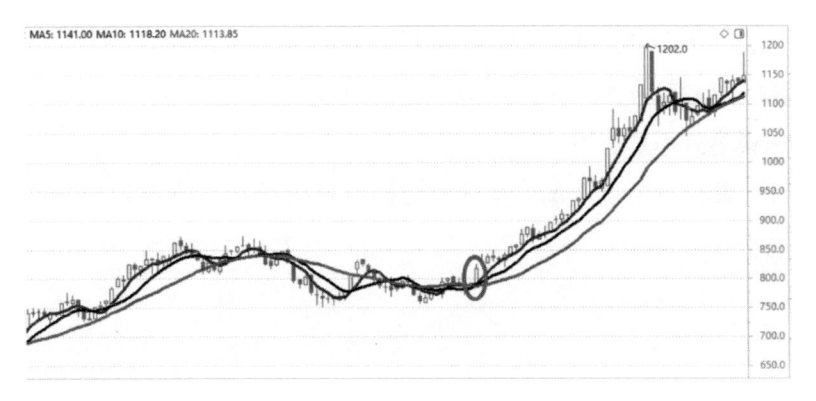

图 1.4　三条均线黏合后的向上突破类型三（画圈位置）

需要注意的是，并非均线系统造就了行情，而是行情启动前容易出现均线黏合的技术特征。我们根据这个技术特征入场，只是认为大概率会出现趋势性行情。

技术特征是我们对市场特征的一种描述，其实对于很多交易者而言，不用均线指标也是一样的，因为他们可以找到价格的关键点。

下面我们谈谈趋势中的"势"为何物。"势"，上半部分是"执"，下半部分是"力"，双方各执一力进行拉锯，力量大的一方即势大，力量小的一方即势小，二者力同即势均力敌。这是对"势"的客体属性的描述。但是，在我看来，如果我们对趋势的认知更多地落在客体上，就很容易忽视主体因素，即趋势的创造者——交易者！

持有不同资金体量的交易者对趋势的认知是不同的。这就是巴菲特说不会看小机会的原因，手持巨额资金只能去寻觅大行情。对资金量小的散户来说，日线级别都有趋势，但是对于大资金来说，周线级别的趋势都不值得参与。因此，从这种意义上说，所谓的趋势就是主体无法改变的客观势能！试想，一个完美的5分钟趋势，大资金不费吹灰之力就可以把它终结，对大资金来说这就不是趋势。

我们讲敬畏市场，是针对我们自身力量无法改变的趋势而言的！

11
关键点，打开交易大门的钥匙

> 不论何时，只要耐心等待市场到达我说的"关键点"之后再动手，我的交易总能获利！
>
> ——杰西·利弗莫尔

对于基本面分析者而言，寻求商品供求失衡点是他们的重要工作；对于技术分析者而言，他们的核心任务是找到价格失衡的关键点，然后利用这个关键点进行交易。

何谓价格失衡的关键点？按照利弗莫尔的观点，价格失衡的关键点是界定价格强与弱的分水岭，价格在关键点之上为强，在关键点之下为弱。

技术分析无法预测未来，只能通过分析价格的延续性来指导交易。那些试图通过复盘寻找价格启动前规律的行为其实是徒劳的，因为我们从没有见过两只股票能按一模一样的方式上涨。试图通过归纳法找到解题的万能钥匙这一思路在股市行不通。

但如果你只是希望找到有价值的技术特征，并据此交易，那关键点无疑是打开此种交易大门的一把钥匙。

那么，关键点如何找呢？没有别的方法，只能通过观察——"所见即所得"。先寻找市场关键阻力位和支撑位，一旦价格突破关键阻力位或支撑位，就到了关键点。

关键点既是价格强弱的分水岭，也是操作正确与否的最佳证伪点。前者好理解，立足于分析层面；后者是交易的关键所在。

我们之所以要止损，不是因为市场错了，而是我们的预期被市场证明错了。所谓的"证伪"，就是我们之前的分析和预判被市场证明是错误的，市场提醒我们需要调整，于是我们通过止损纠错。

如果我们不利用关键点入场，就很难知道什么时候该止损。所谓的正确交易，并非只是赚钱的交易，那些第一时间止损的交易也是正确的交易。

我们可以给关键点下个定义，所谓关键点，就是混沌市场中的无序行情与有序行情的过渡点。

基于这个定义寻找关键点，首先要找到市场的无序行情——震荡行情。然后，在震荡行情上方和下方寻找阻力位和支撑位。最后，我们要观察价格是否能够有效突破阻力位和支撑位。

如图 1.3 所示，在震荡行情中，价格上涨到阻力位会回调，跌到支撑位会反弹，我们仅仅从技术角度分析是无法得知行情接下来要如何走的。我们唯有等待，一旦价格突破阻力位，我们就把那个突破点位称为关键点。价格在关键点位以上是有序趋势行情，在关键点位以下是无序震荡行情。

因此，我们选择在价格突破那根 K 线处入场，止损位就是这根 K 线的最低点（见图 1.5）。

换一个角度思考，我们会发现，原来震荡行情如此"可爱"，竟然为我们提供了非常好的寻求关键点位的依据，甚至可以说，没有震荡的多空胶着状态就不会有单边有序行情。

需要注意的是，价格的关键点不是预测出来的，而是行情"走"出来的。很多人为了成本优势，在价格没有突破时就随意入

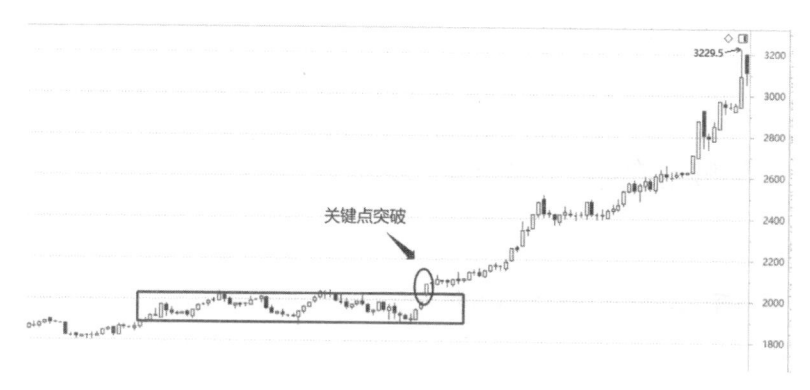

图 1.5 关键点突破（方框中为震荡行情）

场，结果踏错交易节奏导致亏损。这不禁让我想起了杰西·利弗莫尔的一个故事。

有一次，杰西·利弗莫尔和朋友聚会，大家在讨论小麦的价格。有人看涨，有人看跌，最后大家问杰西·利弗莫尔有什么看法。由于几个月来小麦价格一直在 1.1~1.2 美元波动，幅度很小，杰西·利弗莫尔便说："如果你们真的想在小麦市场赚钱，那么我的建议是关注市场，耐心等待。价格一旦突破 1.2 美元就买进，这样就能很快赚一笔了。"

朋友们都很奇怪，便问他："那为什么不能现在买呢？现在才 1.14 美元，可以赚得更多。"

杰西·利弗莫尔回答："因为我现在还不能确定价格会上涨。"

如果你真正理解了我对关键点的诠释，那么恭喜你，你拿到了打开交易大门的钥匙。

12
交易赚钱的密码是什么

有之以为利,无之以为用。

——老子《道德经》

商品的价值是商品的本质属性,而商品的价格是商品价值的货币表现形式。股票是一种特殊的商品,极强的金融属性决定了其价格与价值经常脱钩,这就给投机提供了机会。

投资与投机是资本市场两种交易方式,投资投的是资产,投机投的是恰当的时机。想要通过交易赚钱,不仅要了解资产的价值,还要找到恰当的入场时机。

投机基于概率,而投资基于价值。所有的投机策略都是围绕概率展开的,所有的投资策略都是围绕价值展开的。不论哪种形式,最终我们追求的都是确定性。如果没有确定性,你就没办法赚到稳定的利润。

很多人初入股市时认为一切都是不确定的,积累一定经验后又会盲目自信,认为股市完全可以预测,等到被市场反复打击后,又绝望地认为没有任何一种方法可以预测股市。

如果你看到的全都是不确定性,那你根本就没办法交易;如果你看到的全都是确定性,那你根本就不懂市场。

作为一个成熟的交易者,我们必须承认市场是不确定的,但在不确定中是有相对确定性的,我们要做的就是拥抱这个相对确定性。

举个例子，如果纯碱现货价格是1800元/吨，纯碱期货价格涨到了2600元/吨，那纯碱期货价格是否要下跌呢？答案是早晚要下跌，这是确定性。但是，这里有个时间问题，什么时候下跌呢？这就是不确定的部分了。如果我们想在不确定性中找到确定性，那么就要放弃多头信号，密切关注空头信号。

下面，我们讨论一下如何利用交易信号出现的概率提高交易的确定性。在我看来，这是交易的真正秘密所在。

如果事件A发生，则事件B一定会发生，这种线性关系就是确定性；如果事件A发生，而事件B有可能发生，这种非线性关系就属于概率的范畴了。

很明显，线性的因果关系并不存在于资本市场。虽然从理论上来说，只要我们全面掌握了所有因的信息，就可以推测出确定的果。但现实是，人的大脑根本就达不到这种运算能力。因此，大脑会选择抓住关键信息，忽略无用信息，于是出现这样一个局面：在信息不完备的情况下，通过因果逻辑分析与推算，所得结论只能以一定的概率出现。

从数学角度看，概率分为两种：一种是独立事件概率，另一种是条件概率。独立事件指的是前后发生的事件没有关系，比如掷硬币，每一次掷的结果都和上一次没有关系。条件概率指的是，后面事件发生的概率以前面事件为基础，比如，袋子里有3个白球和2个黑球，你抽走一个球后，第二次抽中任一颜色球的概率都会改变。

投机是基于概率进行的，原因是股票的价格是交易者动态博弈的结果。信息流时刻在变化，没有人可以完整获得全面的数据与信息。

这里的问题是,如果你随机入场交易,你的行为就是随机性的,你的第一次交易和第二次交易之间是没有关系的,这就和掷硬币没有区别了,如此,我们是无论如何也找不到相对确定性的。

相对于利用独立事件概率,利用条件概率更容易找到相对确定性,因为它是可积累的。这可以称为排除法。就像爱迪生发明电灯泡时,每排除一种材料,正确的概率就提高了一点。

这就是我们需要交易系统的根本原因。交易系统会让我们的交易具有积累性,即以条件概率为基础。如此,我们每次试错都是在排除错误答案,进而提高了成功的概率。

与此同时,对交易系统的执行是至关重要的。只有严格按照交易系统执行,我们的交易才可积累。

13
如何在随机性中寻找确定性

任何可能出错的事情最终都会出错。

——墨菲定律

建立和使用交易系统之所以能赚钱,是因为通过执行交易系统可以增加赚钱的确定性。

随机性是个让人迷惑的命题,它打破了因果的线性链条,能够影响人的行为。举个例子,因为你的手离火太近而被烧伤,所以你不会再尝试第二次,这是因果的确定性;但是你有熬夜的坏习惯,却不会令你马上生病,因果不明确,因此很难说服你早睡。

价格的随机性是打败市场参与者的根本原因之一:商品供不应求不会让商品价格马上大涨,资产泡沫也不会让资产价格立刻下跌,突破信号不一定能确立趋势行情。

这里的随机性可以用基于大数定律的概率来描述,即在试验条件不变的情况下,重复多次试验,随机事件发生的频率会近似于它的概率。换句话说,偶然中包含着必然。

这里的关键问题是,单次事件是否服从大数定律?答案是不服从!这就像飞机失事是有一定概率的,但是对你的某次行程而言,你要不就有事,要不就没事,不存在概率一说。但如果你是"空中飞人",一年飞个几百次,那这几百次的行程中会有一定的概率遇到飞机失事。

可见，在无限延伸的全概率事件集合中，难以找到单次事件的确定性。不过，如果我们把全概率事件集合变成总量确定的条件概率集合呢？结果就不一样了。比如，已知100次飞行中一定会出1次事故，而你前99次都没有出事故，那你还会进行第100次吗？你肯定不会，因为这次100%会出事故。

由此可见，在条件概率集合中能找到确定性。幸运的是，资本市场经常"事不过三"，满足条件概率属性，也就是说，按照固定、客观的信号（哪怕简单到一根均线）观察市场，四次相同的操作可能只会错三次，如果前三次都错了，那么第四次大概率不会错！这就是市场给我们留下的后门。

试想一下，"在重复多次的测试中"，这个"多次"如果是成千上万次，这个交易还怎么做？把这一点彻底想明白，你就基本入门了，不过这并不容易，需要经历一番摔打和磨砺。

在条件概率集合中，对单次交易的确定性可以通过"试错"来逼近。第一次错了，第二次错了，第三次还错了，那么第四次就接近确定性了。

按照这个逻辑，我们每次开仓都是在试错，都是在排除错误答案，每次都会将确定性的概率提高，最终相对确定的结果就会"水落石出"。

紧接着，我们还要问一个问题：如何面对确定性之前的错误交易呢？我们可以把交易结果划分为四类，即大亏、小亏、小赚、大赚。

我们可以通过止损在本该大亏时小亏离场，若有了一定利润，可以通过移动止损实现小赚，直到确定性出现后大赚！

当某次确定性很大的机会出现时，我们可以相对重仓参与，大赚后再考虑浮盈加仓。

14
如何寻找最佳入场点

> 天下难事，必作于易；天下大事，必作于细。
>
> ——老子《道德经》

良好的开端是成功的一半，做交易也是如此。如果能够在起爆点入场，自然是一笔好交易；如果在入场点位反复折腾几个月依然没有收益，就不能算是一笔好交易了。正如杰西·利弗莫尔所言："盈利最多的交易，往往一开始账户就有利润。"

对于入场点的把握，直接决定了我们的交易业绩。我所追求的最佳入场点是行情的起爆点，在这个位置，价格要么突破失败，要么突破后快速走出趋势行情。

我们以2014年至2015年的A股牛市为例。我和朋友合作的私募基金在2014年初成立，所以那次牛市我们刚好赶上。

2014年5月，证监会发布的《首次公开发行股票并在创业板上市管理办法》和《创业板上市公司证券发行管理暂行办法》，放宽了创业板首发条件，建立了创业板再融资制度，直接催化了此轮牛市。

这个基本面的改善确实给了股民信心，我也是因此踏入这个行业的。当然，那个时候，我完全不具备现在对资本市场的认知水平，凭借的就是对交易的热情和对未来的盲目乐观。

回到主题。那次的大牛市真正的确立时间是2014年7月28日（见图1.6）。当天成交量放大，主板指数突破阻力位，大涨

2.14%，这一天是非常好的入场点，也是牛市行情的起爆点。如果你选择在这一天入场，并选到龙头股，赚5倍甚至10倍都是有可能的。

除了起爆点，是否还有更好的入场点呢？其实是有的，主板指数在7月24日就已经出现技术突破的迹象了（见图1.7），这个时候的K线突破，暗示牛市可能要开始了。

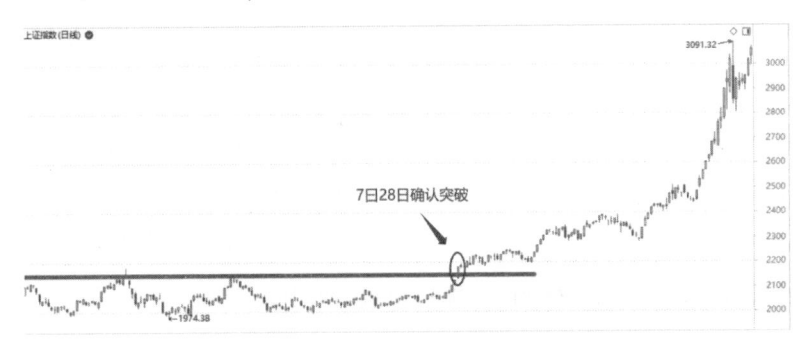

图1.6　2014年7月28日主板指数突破（画圈位置）

图1.7　2014年7月24日主板指数K线出现突破迹象（画圈位置）

如果你细心一点就会发现，寻找趋势起爆点其实很容易。这种方法，我称之为"黑箱战法"，一共可以分为以下四步：

第一步，找到无序震荡行情；

第二步，在无序震荡行情中，寻找明显的压力位与支撑位，作为"黑箱"的上下沿；

第三步，观察股价的突破方向与力度，及时跟进有效突破；

第四步，观察股价突破后是否企稳，如果连续 3~5 日站稳阻力位或支撑位，基本上就意味着突破成功。

这里的难点主要有两点：一是对"黑箱"的确认，二是对突破的确认。每个人都会有自己的研判，研判水平直接决定交易水平。人们往往只会看到自己想看到的，因此最好是找到显而易见的震荡箱体。

这里有一张经典的底部突破确认趋势的 K 线图（见图 1.8）。震荡箱体非常明显，研判难度不大，K 线突破阻力位后回踩确认，紧接着一波趋势性的大涨行情就此展开。

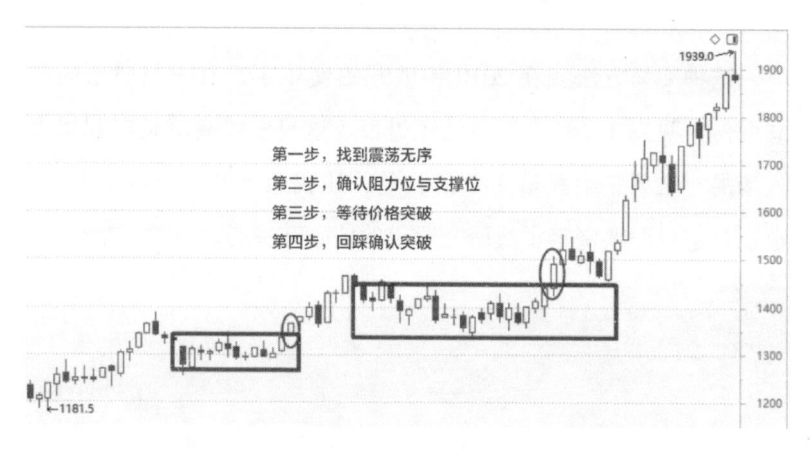

图 1.8 底部突破确认趋势（方框中为震荡箱体）

这里需要强调的是，起爆点是从无序行情到有序行情的转折点，也就是说，所有的无序震荡行情都是"黑箱"，黑箱是两波有序趋势行情的中转站。

想要找到起爆点，我们需要先把这个行情中转站——"黑箱"找到。不用过分关注价格在"黑箱"内的波动，因为多空斗争胜负不明朗。一旦 K 线放量突破"黑箱"，就可能意味着一波行情要启动了，参考"黑箱战法"模型（见图 1.9）。

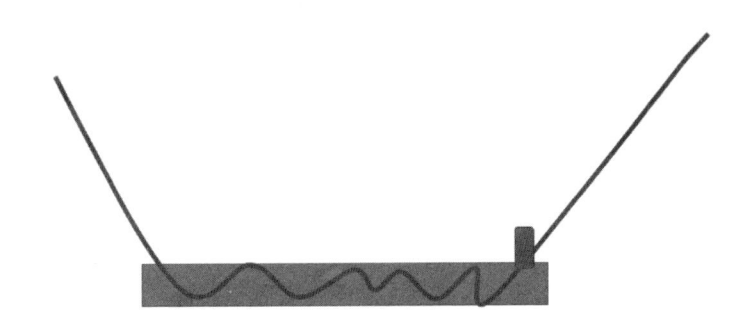

图 1.9 "黑箱战法"模型

这种交易方法我在 2010 年就开始使用了。有一只股票叫鼎立股份（见图 1.10），现在已经退市。这只股票我就是在起爆点入场的，之后它给我带来 2 倍收益，让我感受到了交易的魅力，也正是这只股票坚定了我研究股市的信心和决心。

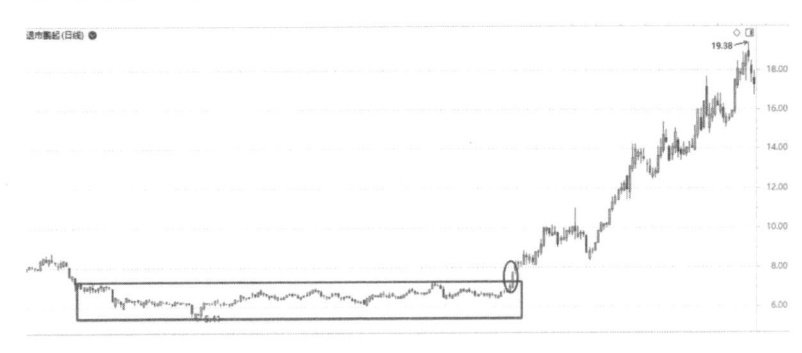

图 1.10 鼎立股份 2010 年部分 K 线图（600614.SH，现已退市）

现在想想，如果我之后始终坚守这一种交易方法，将是怎样的光景呢？也许会少走很多弯路吧。"黑箱战法"的精髓是在趋势的转折点入场。价格在"黑箱"阶段处于震荡趋势，一旦突破，就意味着趋势有转变的倾向，即由震荡行情向趋势行情转变。

为什么入场点选在行情突破"黑箱"之后的起爆点呢？因为趋势才是赚钱的关键。真正的趋势高手都是在趋势转折后找入场信号，而平庸的交易者往往在入场信号中找趋势，所以才被市场假象欺骗。

15
如何寻找交易的确定性机会

> 对大多数投资者来说，重要的不是他们知道多少，而是他们能在多大程度上认识到自己不懂什么。
>
> ——巴菲特

我们知道，决定交易者成败的关键之一是赔率，即能否"大赚小亏"。所有的投资策略与交易方法本质上都是围绕赔率和胜率展开的。

胜率较高的策略与方法，赔率往往相对较低。那么反过来，赔率较高的策略和方法，胜率是否就一定低呢？答案是不一定。因为这里还涉及一个因素，即频率。

很多人对交易频率的认识并不深刻，只停留在要不要频繁交易的争议上，但这只是表象，并非本质。

交易频率是我们单位时间内的交易次数。有的人1天交易10次不嫌多，有的人1个月交易1次不嫌少，可见频率高低是相对的。

交易频率的高低没有正确与错误之分，关键看你的交易系统与市场是否适配。当你的交易系统与当下行情适配，你肯定要拼命"干活"，因为你需要储备利润，以弥补当你的交易系统与市场不适配时的亏损。

比如，震荡行情肯定是高抛低吸型交易系统的高频交易阶段,而且胜率很高利润丰厚,但到了趋势行情,这种交易系统就不适用了。

实际上,在不同时期,我们的追求是不一样的。鱼和熊掌不可兼得,我们必须学会放弃与拒绝我们看不明白的机会。也就是说,当我们把机会缩小到一定范围,我们的赔率和胜率会同时提高!但代价是可能会错过一些不错的机会。

这就要求我们把一个策略或者方法研究透彻,然后过滤掉大多数似是而非或模棱两可的机会,只保留确定性最大、赔率最高的交易机会。

下面我们来看一下美国金融史上最负盛名的投机天才杰西·利弗莫尔的案例——"伯利恒之战"。一粒子弹,一次扣动扳机的机会,如何保证一击必中呢?1908年,杰西·利弗莫尔听信他人建议,在棉花交易中失利,后来在股市也连续失利,欠下巨额债务,无奈宣布破产。1915年,几次破产的杰西·利弗莫尔负债累累,一般人在这种情况下很难翻盘。幸运的是,一个券商给了他500股的信用额度。他利用这"最后一颗子弹",看准时机,做多伯利恒钢铁公司,并获利颇丰。

1915年2月至3月,杰西·利弗莫尔看好因"一战"发财的伯利恒钢铁公司,那时候该公司股价在50美元左右。6月初,伯利恒钢铁公司的股价开始拉升,3周内股价涨到了90美元以上。

在他的交易经验中,一只股票股价首次过百几乎总要再涨30元到50元。杰西·利弗莫尔在98美元时出手了,并在145美元时卖出,仅仅两天时间就彻底翻身。为了这确定性的两天,他耐心等待了6周!

可见,要想赚钱,不仅需要确定性的交易机会,还需要耐心。我相信,只要有5年以上交易经验的人,总会找到确定性的机会,这个不算难,难的是舍弃其他看似不错的机会,耐心等待这个确定性机会的到来。

从技术层面看,杰西·利弗莫尔的确定性交易机会是在市场进入疯狂阶段后顺势而为。那么,你的确定性交易机会是什么?

对我而言,确定性的交易机会是"第三浪黏合处"。这是我最为喜爱的,只要这个信号出现,我的仓位都会比较重。具体标准如下(见图1.11):

第一,股价先上涨一波,观察反弹的力度,此为第一浪;

第二,上涨结束后,一般会有一波回调,观察回调的幅度,此为第二浪;

第三,回调完毕,股价企稳突破,5日、10日、20日均线黏合,此处可能是第三浪主升浪的起爆点。

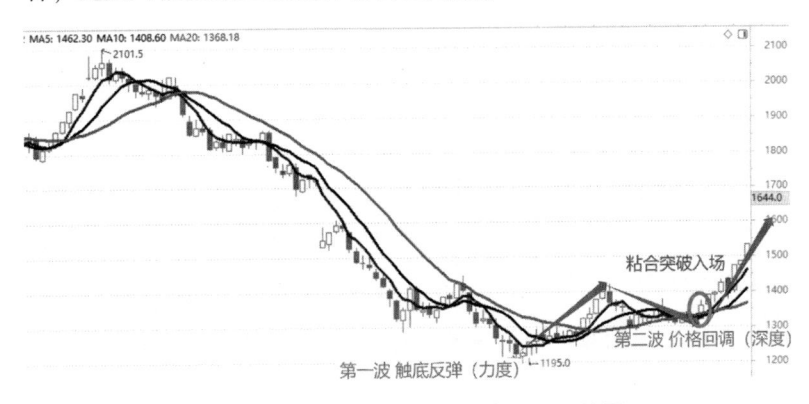

图1.11 买在第三浪黏合突破点(画圈位置)

我们做交易一定要赚看得见的、确定性的钱,而非看不见的、不确定的钱。

从技术上来说,第二浪是最为关键的观察窗口期,股价的回调力度及之后的反转强度直接决定了第三浪的确定性和强度！即第二浪回调幅度越小、反转突破力度越大，第三浪的确定性就越大！这是不确定性中的相对确定性。

大多数交易者都要通过"一次大行情"才能完成资本原始积累，而在这"一次大行情"到来时，交易者必须重仓下注。

请让你的交易策略聚焦于确定性大的交易机会上，不轻易出手，一出手就要大赚。一次行情，一发子弹，一次扣动扳机的机会！

16
分析的是行情，交易的是规则

> 能够预测固然很好，但是当预测与现实背离时，我们必须跟着现实走。能够分析固然很好，但是当分析与现实背离时，我们必须跟着现实走。
>
> ——威尔斯·威尔德

分析和交易是两码事。每个交易者都需要建立两套系统，一套是分析系统，一套是交易系统。前者侧重于预测行情，寻找确定性机会；后者侧重于应对行情，等待确定性的交易信号！

分析系统追求准确率，交易系统追求概率。分析时可以自由发挥，但交易时绝对要遵守纪律；分析时可以大胆，但交易时必须谨小慎微！

当分析系统识别市场的趋势性机会后，接下来就要看交易系统的了。一旦价格通过交易系统确认，交易者即可入场交易。如此，就可以把分析和交易有效结合起来，形成交易闭环。

我们分析的是市场未来的价格，交易的却是市场当下的价格。前者立足未来，后者立足当下。当分析系统预测的未来没有被价格确认时，我们要相信价格并重新审视和调整我们之前的分析。

你可以尽可能多地收集基本面、技术面、资金面、题材面、数据面等各方面的详细信息纳入分析系统。但是到了交易环节，交易策略要尽可能简单、有效、可行。

严格区分分析和交易特别重要，很多经济学家做分析师特别优秀，但做交易员却贻笑大方。

安信证券首席经济学家高善文多年前曾在《我为什么不去做私募?》一文中表示："买卖双方的角色对人的性格和才能的要求完全不同。卖方分析师的角色是'分析局面、判断趋势、为人设谋'，买方投资者的角色是'察言纳谏、采取行动、面对结果'。"

一些券商的经济学家转行做基金经理后，其所管理基金的业绩惨不忍睹。可见，分析师和交易员是两个工种。

金牌分析师要依靠预测的准确度扬名立万，而优秀的交易员要通过确定性的交易提高收益率获得客户信赖。当分析师拿着望远镜遥看未来虚幻的风景时，交易者则手握显微镜探索当下潜在的风险。

市场如战场，交易如打仗，没有经历过大亏大赚，根本撑不起一个优秀交易员的"心量"。

做交易，犹如驾着一叶扁舟行驶在惊涛骇浪的大海上，分析系统是我们的罗盘，交易系统是我们的操作杆。罗盘指引方向，但最终还是需要有经验的船长根据水文条件进行实时校正。

那么，如何判断你的交易系统是否科学呢？我给出三个标准：一是风险是否可控，二是盈利上限是否打开，三是是否客观顺应市场。

如果这三个标准都满足，那么你的交易系统就是科学的。

17
不要陷入不等价的竞局中

贪财而取危，贪权而取竭。

——庄子

投机行为的背后是人性的弱点，忽视使用价值只在乎价值的交易者很容易进入不等价的竞局中，甚至可能为了一点利益遭受灭顶之灾。

我用《动物世界》中一段内容为例。一只老鹰抓到一只兔子，但是这只兔子太小了，老鹰决定把它挂在树上。别误会，老鹰不是要把兔子晾干了吃，而是准备做一个交易局。

什么交易局？把兔子当诱饵吸引狐狸。老鹰的赌注是一只兔子，狐狸的赌注是自己的小命。对老鹰而言，这个交易非常划算。

之后，老鹰站在高处俯瞰。果然，一只狐狸跑过来，好在警觉性非常强，咬了一口兔肉就跑了，老鹰看到后按兵不动。

不多时，贪心的狐狸又来了，它准备把一整只兔子带走。这时老鹰以迅雷不及掩耳之势俯冲下来，一把抓起狐狸重重摔在地上，把它摔死了。

对老鹰而言，这是一场完美交易，它很清楚自己要付出什么代价，会得到什么收益。但是对狐狸而言，贪婪蒙蔽了它的双眼，让它忽略了风险。

贪婪会让人失去风险意识。当你忘记风险，就不会觉得自己是在赌博。可见，赌博本身不可怕，可怕的是你压根就没有意识到自己是在赌博。

对老鹰而言，这就是一场交易，因为这个局是它设的。但是对于狐狸而言，它没有觉得自己在赌，却早已身在赌局中。

老鹰都懂得交易是一场以小博大的竞局，我们生而为人，有时候却像狐狸一般被贪婪所蒙蔽，忘了只有付出才有收获的道理。

你看看那些贪婪的交易者，只想着赚钱，却忘了必须承担的风险。

一点风险都不想承担是无法赚钱的。但是，你若无视无法承受的风险贸然交易，也会给自己带来灭顶之灾。不信的话可以回测你的账户，看一下是不是所有的大亏都是重仓却不止损的行为造成的。

如果出现亏损，一定要反思自己的行为。错误行为不值得同情：不理解交易的本质就盲目进入赌局而不自知。

对交易者而言，你的交易系统就是你给市场设计的交易竞局，在这个系统内，你很清楚你要承担的风险和可能获得的收益。

18
看重买入成本是非常愚蠢的

> 如果我买入一只股票,我就会在顶部买入;反之,那肯定在底部卖出。
>
> ——杰西·利弗莫尔

有时候,人的错误认知自己是很难觉察的。一个人之所以接连犯错或失败,问题大概率出在他的错误认知上。

我刚开始学习交易的时候,有很长一段时间非常郁闷:为什么我明明抓到了趋势行情的起点,最终却收获甚微?这不是运气不好能够解释的。因为市场已经给了我机会,但我却一次次与机会擦肩而过,这怨不得市场,只能怪自己认知不够。

当我犯了很多次这种错后,我发现有一个观点深刻影响着我的行为:买入成本低是交易赚钱的前提。这个观点乍一听无比正确,比如,3元买入一只股票,如果这只股票涨到5元,那么所获利润肯定比4元买入多,这一点但凡会小学算术的人都能算明白。

但是大多数人忽视了一个问题,即决定你赚多少钱的除了买入价格还有卖出价格。如果你3元买入一只股票5元卖出,而别人在4元买入却在40元卖出,那么虽然你的成本很低,但你的利润却无法与别人比。

可见,交易赚钱和买入成本有关系,但并非决定性关系。交易所赚利润是由买卖之间的差价决定的,这是常识。常识固然简单,但不代表你能够想清楚,更不能代表你会身体力行。

不信,我问你两个问题:当你连续三次亏损,第四次赚钱后,你会如何?当你的持仓被套了很久,终于翻红了,你会怎么做?

我不管你的回答是什么,事实是大多数人在实盘交易中会选择赶紧获利了结!这也是我早年的选择,而且现在依旧会犯这种错,因为这更符合人性对确定性的追求。

这种追求确定性的认知正是由于看重成本形成的。有些人会想当然地认为股价上涨了,机会成本也就抬高了,大可以卖掉这只高价股票,再去寻找一只低价股票,却忘了利润是由买卖差价决定的。犯错者并不会珍惜来之不易的趋势行情。因为他们不知道,只有在趋势大行情中才有可观的差价,而这种大行情并不是每天都有的,如果错过了可能要再等几年。

所以说,做趋势交易是不能过分关注买入成本的,成熟的交易者会更多地关注趋势的延续性,即趋势的稀缺性,而非买入的成本。

杰西·利弗莫尔说:"如果我买入一只股票,我就会在顶部买入;反之,那肯定在底部卖出。"可见,对于趋势交易大师而言,成本并不是决定性因素。

有朋友会反对说,不重视成本肯定不对!价值投资者一定要低成本买入,不然就没有"先手优势",买得便宜才是制胜的关键。

对此,我的观点是,这句话并不完全正确,因为这要看你在什么场合使用。比如,有的银行有大量潜在坏账,一旦房地产和地方债出现系统性风险，不要说发展，甚至连生存都有问题，你敢在低成本的时候买入吗？

可见，低成本买入更适合具有商品属性的投资标的，毕竟螺纹钢或者大豆是无论如何也不会有退市之忧的。但股票可不是这样，低股价有时候意味着低成长，甚至负成长，低成本买入垃圾股的策略是很糟糕的，和手里拿着冰棒在火上烤没有什么区别。

通常情况是"便宜无好货，好货不便宜"。市场在没有失灵的情况下，总是聪明地给予股票合理的价格。因此，你更应该关注的是买卖差价，也就是投资品未来的潜力，而非只是买入成本。

如果某只股票未来潜力不大，即使现在价格再低也不应该买入；如果某只股票未来潜力很大，即使现在价格稍高也应该买入，并坚定持有。

19
要在趋势行情中乘风破浪

世界是我的意志，世界是我的表象。

——叔本华

对交易者而言，选择大于努力，因为交易99%的工作在认知与选择上。

真正的大机会是很少的，而且大机会是等来的，而非追来的。交易赢家总是在少数大行情中乘风破浪，而输家总喜欢在数不清的无序行情中破釜沉舟。

善于等待的交易赢家总觉得自己很幸运，不想错过任何一次机会的交易输家总觉得市场在与他作对。所以，我们的幸与不幸都是自己选择的结果，我们的自由意志决定了我们的交易业绩，甚至是命运。

我在《动物世界》中看到过这样的场景：一只美洲豹潜伏在水边，等待着岸上的一对水豚母子。当然，警惕的水豚发现了美洲豹，于是非常谨慎地找到一个死角下水。对美洲豹而言，相比于捕猎成年水豚，显然捕捉幼崽更容易。这个时候，美洲豹表现出了惊人的定力，让我钦佩。

母水豚下水后主动靠近美洲豹，试图吸引它的注意力，但是美洲豹根本不理睬。美洲豹把自己的所有注意力都集中在弱小的幼崽身上了，它找寻到合适的位置，等待一击即中的时机。

美洲豹完美地向我们展示了趋势交易的关键，即选择交易品种和等待交易机会。

试想，如果美洲豹把注意力放在母水豚身上，可能一无所获，甚至可能被其所伤。但聪明的美洲豹深知自己的目的不是逞强，而是以最高效、性价比最高的方式填饱肚子。

这对交易者是很有启发意义的。我们来资本市场交易，并非为了证明自己的聪明才智，而是为了赚钱，而且要赚容易赚的钱。这一点是非常重要的，我在本书中会从不同角度反复阐述。

一般情况下，我们不做空强势品种，不做多弱势品种，因为"强者恒强，弱者恒弱"。这种观念的本质是顺应市场，顺势而为。

有朋友会问：如果我分析市场未来一定会下跌，比如某商品的期货价格远高于现货价格，供求关系由供不应求转变为供大于求了，我为什么不去做空呢？

"百足之虫，死而不僵"，就算基本面的改变可以支撑你去做空，但是二级市场构筑顶部是需要时间的。如果多头主流资金还在，市场行情势必会维持高位震荡，这个时候你贸然入场就会来回"坐过山车"。

某商品从基本面看价格已经高估了，但是多空反复拉锯了很长一段时间，这个阶段显然不适合趋势交易（见图1.12）。最简单的行情其实是震荡突破之后的那一波流畅下跌行情。

我想一定会有朋友反驳：震荡行情不参与，肯定是你技术不到家，你看隔壁老王，高抛低吸了几次，赚了好多钱。

对此我想说，我们要清楚自己的目标是什么，逞强容易受伤,反复拉锯的行情会消耗你的耐心,影响你抓住接下来的大机会。

图 1.12 价格向下突破后,迎来一波流畅下跌

20
交易要有一颗至纯至诚之心

> 饥来吃饭倦来眠,只此修行玄更玄。说与世人浑不信,却从身外觅神仙。
>
> ——王阳明

做交易有点像摸着石头过河,你的目标是河的彼岸,但是你不知道河水深浅,也不知道能否蹚过去,只能走一步看一步,遇到深水区就折返,如果一路很顺利就平安抵达。

当你看好一只股票,价格突破你跟进,价格继续上涨,你的账面有了利润。这时,如果你是一个至纯至诚之人,你会跟随市场节奏,持仓不动,甚至加仓。你无条件地跟随市场,市场怎么走,你就怎么操作,市场让你赚钱,即说明你做对了。

"不学而能为之良能,不虑而知为之良知",由心而生的良知良能,在实践中就没什么不自然,更没什么杂念与妄想。可以说,发自内心地跟市场走,就是最大的交易能力。

但是,当你经历了亏损的惨痛教训,被市场毒打多了以后,比如账面利润突然被反吞甚至发生亏损,你的心境就开始起波澜了,甚至会产生不切实际的妄念。

这个时候,你就会活在对过去的后悔和对未来的恐惧中,忘记当下要与市场同步。再看到价格突破上涨,你会产生万一错了怎么办的想法,于是开始退缩;再看到价格盘整,你会误以为是筑底，升起抄底的妄念；再看到价格上涨，你会觉得价格太高，可能要跌了。

一旦你产生妄念，就算有一波很大的行情，并且你分析到也买到了，也无法坚定持仓，因为你害怕利润回吐。当你不再至纯至诚，对市场的认知总是夹杂个人的主观偏见，对市场的走势不再客观看待，就可能变成一个平庸的交易者，甚至是一个稳定的亏损者。

我们知道，执行力是交易成败的关键，较强的执行力需要专注力，专注力来源于聚焦力，聚焦力强的人是念头纯一的人。

念头不纯一体现在你一会儿用这个交易策略，一会儿又觉得那个也挺好，小幅度的价格波动也会引起你无数个念头。你一旦陷入这种心境，还有什么交易执行力可言？

"不忘初心，方得始终。"成为交易高手需要一个过程，不用着急，因为人生也不过是一个过程，奖杯仅仅是到达终点的一个奖励，一路打怪升级才是你取得的真经。

做交易一定要有一颗至纯至诚之心，不需要主观观点与情绪，不悲亦不喜，跟随市场即可！

第二章 柔弱胜刚强

01
你交易的是你的模型而非市场

> 用勇气去改变可以改变的事情,用胸怀去接受不能改变的事情,用智慧去分辨二者的区别。
>
> ——李开复《世界因你不同》

对于趋势交易者而言,股票价格的未来走势没有办法精准预测,必须用交易模型通过试错来确定。

这里涉及两个概念:试错和交易模型。

利用价格波动赚钱的技术派采用的是试错的方式。这关乎概率,是需要测试的。概率是基于样本算出来的,不同的样本划分方式算出来的概率不同。比如掷硬币游戏,每掷一次,正面和反面出现的概率都是50%;但如果是在规定的时间内掷硬币,最终正、反面出现的概率会不同。

样本划分方式体现在交易中就是我们所建立的交易模型。不同交易模型的胜率不同,这就使交易模型有了优劣之分。

虽然交易模型有优劣之分,但是我们不能过分追求胜率。不是胜率不可以追求,而是不能执着于胜率。这一点尤其要注意。

从一定意义上讲,胜率是可以提高的,但如果我们执着于胜率,那么随之而来的就是冒险和自以为是了。我们潜意识中会认为这次一定是对的,会忽略"万一不对怎么办"。

一旦市场走势和我们的观点不一致，我们就会手足无措，甚至产生对抗心理，不愿意接受自己预判错的现实，总觉得市场在和自己作对，于是各种情绪问题就产生了，进而做出种种不理性的行为，比如报复性补仓、重仓逆势扛单等。

这样做的人没有搞明白一件事，即我们交易的并不是市场的未来，而是自己的模型。

放弃预测市场走势，把注意力收回来，收到自己的认知范围之内，基于自己的认知，辨别哪些机会是可以抓住的、哪些是抓不住的。

这需要交易者有清晰的自我定位。如果你是做震荡行情的，那么就把震荡行情的规律研究透彻；如果你是做趋势行情的，那么就把趋势行情的规律研究透彻。

对我而言，我更愿意花时间研究趋势行情而非震荡行情，原因很简单，趋势行情的规律性比震荡行情更强。比如说，我们的交易模型是关键点突破模型（"黑箱战法"），这个模型的特点是，要么突破失败，要么出现单边趋势。

说到底，交易模型就是你假设了一个走势，让市场来验证。如果市场证实了你的假设，你就能获得市场的回报；如果市场证伪了你的假设，你就要及时止损出局。

以关键点突破模型为例（见图2.1）。我们假设一旦价格突破震荡区间，就会出现一波趋势性大行情。该模型允许价格回调，但是回踩颈线位的时间一般不超过5根K线，最好是调整3根K线后突破。

比如上证指数的一段走势（见图2.2），点数突破以后，市场出现了一波大涨行情。

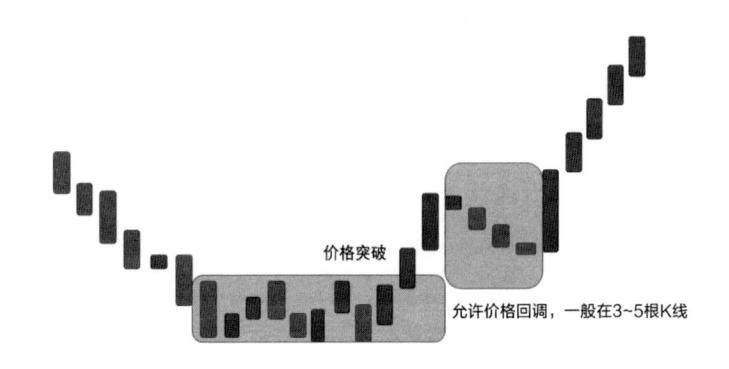

图 2.1　关键点突破模型突破成功

(图中标注：价格突破；允许价格回调，一般在3~5根K线)

图 2.2　上证指数突破震荡区间展开一波行情

需要注意的是，我们所采用的模型一定要符合逻辑，并被市场走势证实。建立交易模型需要从大量数据中找到共性，然后探究出共性背后的原理，这个原理越稳定、越普适，则交易模型越优秀。

比如，关键点突破模型的逻辑是这样的：当多空平衡被打破时，多空双方会有一方的势力占上风，理论上，价格会跟着占上风的一方走，但如果占上风的一方在3~5根K线内没有站稳，则意味着市场会重新回到多空胶着的状态。

如图 2.3 所示，虽然价格突破了震荡箱体，但是突破后的第四天，价格重回箱体内部，就意味着突破失败。

图 2.3　关键点突破模型突破失败

我们做交易，本质上交易的是我们的模型。真正优秀的交易者都是建立一套简单且实用的模型，并把这个模型用到极致，一眼望去就知道有没有出现适合自己的交易机会。

基于自己的交易模型，只做自己认知范围内的交易，不去追求那些看不懂的、高难度的交易机会。

02
如何识别回档、回调与反转

> 很久之前我就意识到了,股市的波动趋势不会那么显而易见,股市就是想要在绝大多数时候愚弄绝大多数人。我的交易原则建立在逆向思维的基础上,跟人的本性是相反的。
>
> ——杰西·利弗莫尔

股价的走势总是一波三折,不可能一直上涨,也不可能一直下跌。正常情况下,上涨趋势有回调,下跌趋势有反弹。

以上涨趋势为例,下文主要论述如何识别上涨趋势中的价格回档、回调与反转。

价格回档是指股价在上涨过程中,因上涨速度过快而暂时回跌的现象,一般幅度较小、时间较短。价格回调指的是股价在上升趋势中因涨幅过猛而回落调整的现象,通常会回跌到前一次涨幅的50%左右,时间较长。

二者最明显的差别体现在时间上,一般而言,回档在3~5天完成;而回调时间要长一些,有时候可达月余(见图2.4)。

相对于回调,回档的多头力量更强,因为主力资金担心洗盘时间久了会被市场抢筹,他们的目的是把浮筹清除,而非让新的大资金进入。从技术上来看,回档一般是缩量的(见图2.5)。

回调有两个目的,一是清除浮筹,二是抬高交易者持仓成本。因此,回调一般会给交易者充分的入场时间。从技术上来看，回调容易出现放量上涨和缩量下跌的量价关系，在底部附近的阳K线一般大于阴K线的力度，呈现"红肥绿瘦"的现象（见图2.6）。

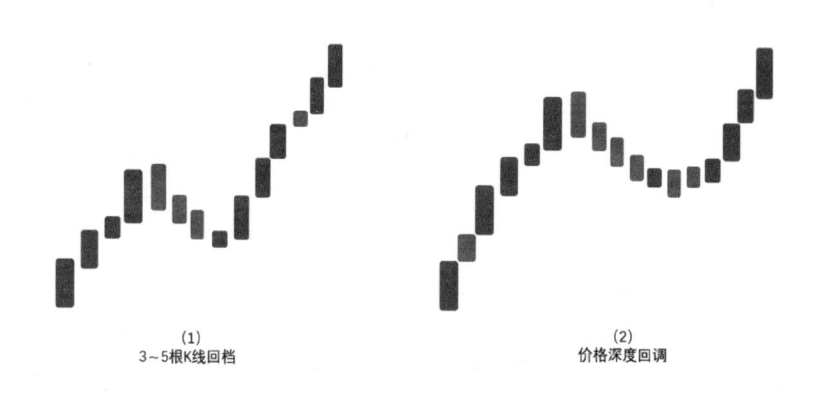

(1) 3~5根K线回档

(2) 价格深度回调

图 2.4 价格回档与价格回调

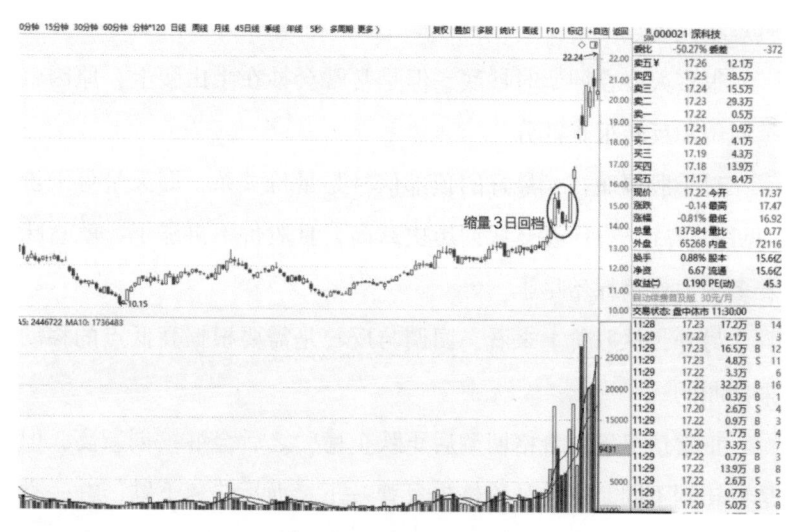

图 2.5 缩量 3 日回档

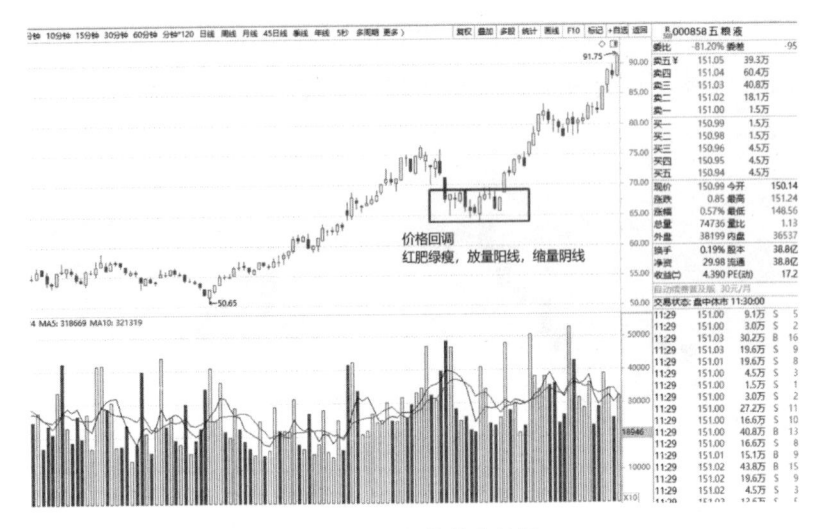

图 2.6 回调的技术特征

股价回档是非常好的入场时机,也是趋势交易者须抓住的优质短线入场点。

很多人会在回调时抄底,但是常常会抄在半山腰上,原因就是回调和反转很难区分。

对于股票而言,最好的顶部信号是量价关系,即天量见天价(见图 2.7)。一旦成交量创历史新高,且股价不再涨了,就意味着多头力量消耗殆尽了。

另外,从股价上来看,回调与反转是需要根据高低点的移动来判断的。

正常情况下,价格回调后止跌企稳,之后会继续创新高,但是反转则不同。反转是价格先反弹一下,而后快速下跌,并一举跌破前期回调低点,宣告上涨行情正式结束(见图 2.8)。

一般来说,游资喜欢在回档时入场,因为回档时间短,之后股价爆发力强,适用于强势题材股;而中线资金往往喜欢在股价回调时入场，因为有成本优势，适用于白马蓝筹股。

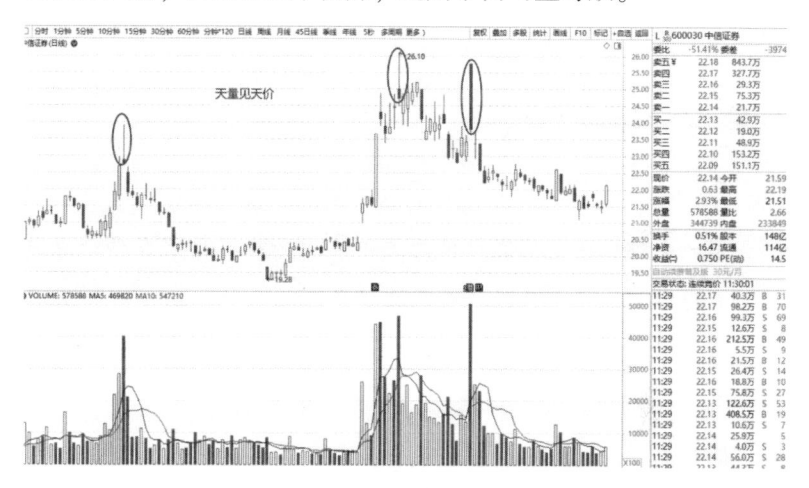

图 2.7　天量见天价

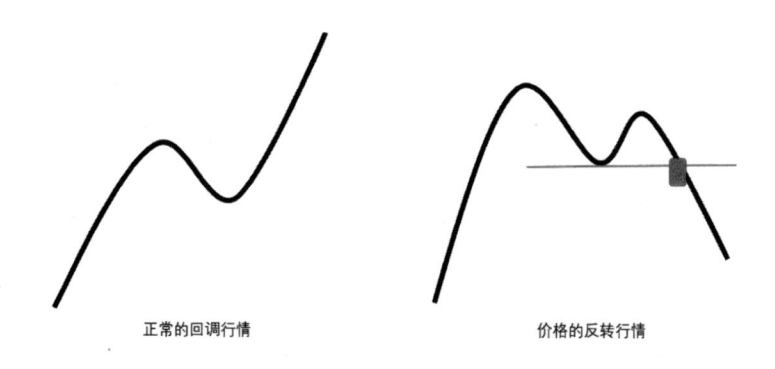

图 2.8　回调与反转的技术特征

03
怎样区分反弹与反转

  当一个投机者能确定价格的关键点,并能解释它在那个点位上的表现时,他从一开始就胜券在握了。

——杰西·利弗莫尔

  做交易,能够区分反弹与反转,是一件特别重要的事情。

  从资金层面看,股票价格反弹是因为空头获利了结或多头割肉。如果没有增量资金介入,反弹会很快结束,股票价格上涨到一定高度后会马上掉头向下。

  比如,下跌趋势中的反弹,一般是因多头止损或空头获利平仓,股价反弹稍微企稳,就有抄底资金介入。但因增量资金不足,反弹会受制于前期突破 K 线开盘价的压制转而下跌(见图 2.9)。这个阶段的行情可以判断为技术性反弹。由此可以看出,反弹行情最大的特点就是增量资金不足,一旦遇到关键阻力位,多头马上"认怂"出局。

  我们接着看图 2.10,很明显,价格突破时动能很强,从成交量上看抄底资金态度坚决,增量资金也放量入场,对前期阻力位的突破也是干净利索。这个时候的行情基本上可以确认为反转。

  由此可以看出,反转行情最大的特点是持续放量,有增量资金持续流入,对关键阻力位迅速突破,且股价在几个交易日内企稳,巩固了多头阵营。

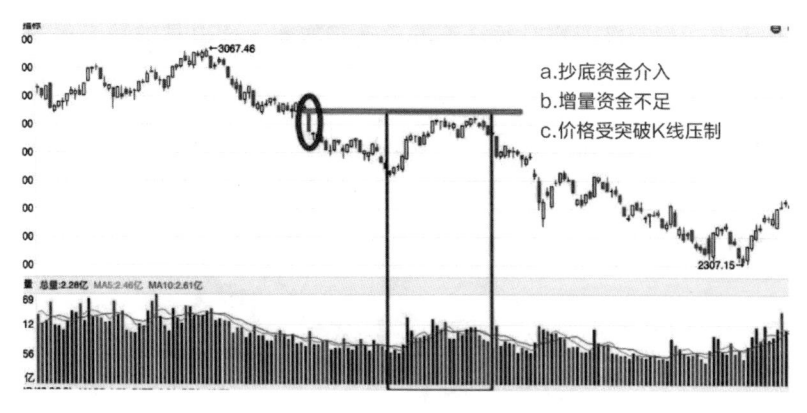

图 2.9　下跌趋势中的反弹受启动 K 线压制

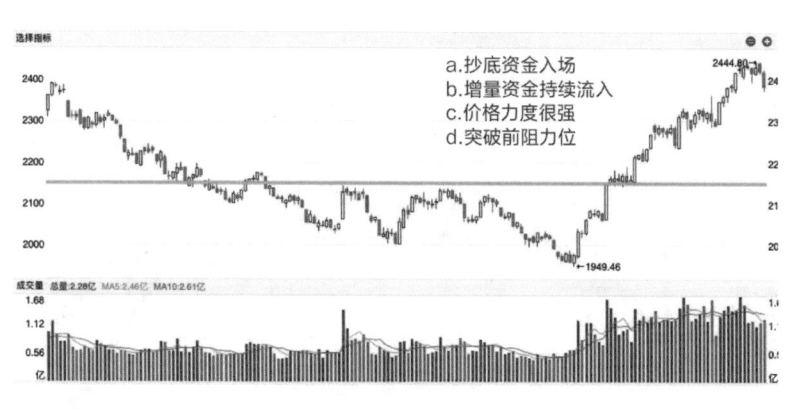

图 2.10　下跌趋势结束后的反转

我们在理论上很容易区分反转与反弹，但在实践中并不是那么容易。原因之一是市场随机性太强，反弹行情有时候会以反转的形式出现。

如图 2.11 所示，画圈位置是非常好的做多点位，价格突破了前期高点，并且回踩确认了突破有效。

但实际上，后面的行情并不像我们预期的那样走出流畅的上涨行情，而是迎来了一波暴跌（见图 2.12）。这会让技术派动摇：

技术有时候很准，有时候又不准。确实如此，这也是纯技术派被诟病的主要原因。有朋友会说，这是技术不够好的缘故，于是开始寻找其他技术指标来论证。但他们很快会发现新的问题：别的股票也会重复出现一样的信号吗？答案是不会。

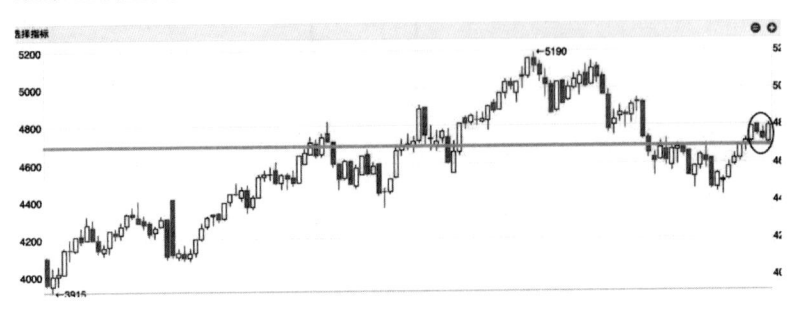

图 2.11　似乎回踩确认了突破有效

图 2.12　假突破后的暴跌

从这个意义上说，技术能够反映市场，但是你得接受三点：第一点，技术不是为了准确率存在的，技术仅仅是温度计，反映市场当下的状况；第二点，技术交易者要随时修正自己的看法，或者说技术分析者就不能有个人看法；第三点，技术交易者本质上是风险管理者，因为不知道股价未来是涨是跌，只能通过承受风险试错。

如果你错把反弹当反转，且不严格止损，市场会给你最严厉的惩罚。因此，任何时候我们都要做好资金管理，分批入场，有了利润，证明了市场趋势之后再加码，而不是看到信号就迫不及待地重仓入场。

技术分析的缺陷是具有滞后性，有经验的交易者也只能做到找到支撑位或阻力位，小仓位试错，对趋势的确认还是需要观察关键点的 K 线突破。

我们要对资本市场保持敬畏。这个市场从来没有完全相同的行情。因此，技术不必精确，我们要在试错中寻找相对确定性的趋势。

价格突破是确认趋势的关键点。如果这个关键点是正确的，那么之后应该有一波强势行情，可以快速获取利润；如果这个关键点被证伪，那么应该及时止损。

另外，趋势的作用一定不能忽视。遇到上涨趋势，尽量把下跌看成回调；遇到下跌趋势，尽量把上涨看成反弹。这并不是小聪明，而是大智慧！

04
如何利用洗盘

> 将欲废之,必固举之;将欲取之,必固予之。是谓微明。
>
> ——老子《道德经》

盘子上有了灰尘,就要清洗干净,"洗盘"这个词用在股市中非常形象。整个K线图叫作盘面,在上涨(下跌)趋势行情中,为了让趋势更加健康地走下去,必须通过回调(反弹)的形式洗出不坚定的短线客持有的筹码,让新资金入场,从而抬高交易者的整体持仓成本。

洗盘是从主力视角来说的。当盘面获利筹码太多,主力就不愿意拉高股价了,因为散户获利太丰厚的话,大概率会把主力抛弃,因此必须洗掉持有低成本筹码的散户,趋势才能继续。

可以说,洗盘的目的就是抬高交易者的整体持仓成本,逻辑是这样的:趋势的形成来自市场的合力,市场的合力来自交易者持仓成本一致性抬高。如果交易者持仓成本悬殊,一定是震荡行情,因为股价一反弹就有多方高位解套,股价一回调就有空方低位解套。因此,股价如果想走得更远,就必须洗盘,即使是财力雄厚的大主力也须如此操作,不然"刚者易折",强行拉抬股价会造成股价因买盘枯竭而崩盘。

那些被拉到高位崩盘的庄股,就是因为庄家没有将交易者的成本一致性抬高。当大多数交易者持有低成本筹码时,一旦股票被拉到高位，市场就成了卖方市场，股价很容易崩盘。

了解了洗盘的目的，那么，我们应该如何利用洗盘呢？

事实上，洗盘是行情的加油站，并非坏事，预示着后续趋势将更加健康地展开，这反倒是很好的入场机会。

洗盘是为了把短线客洗出去，防止他们在股票高位时砸盘；但不能把中线持仓者砸出去，因为他们是主力的同盟。

同时，洗盘本身也是有风险的，主力也怕偷鸡不成蚀把米，造成自己账面亏损。所以，基于这些因素，洗盘要么是横盘窄幅式的以时间换空间（见图2.13），要么是快速打压式的以空间换时间，经常3~5根K线即重回上升轨道，并会守住中线重要支撑位（见图2.14）。

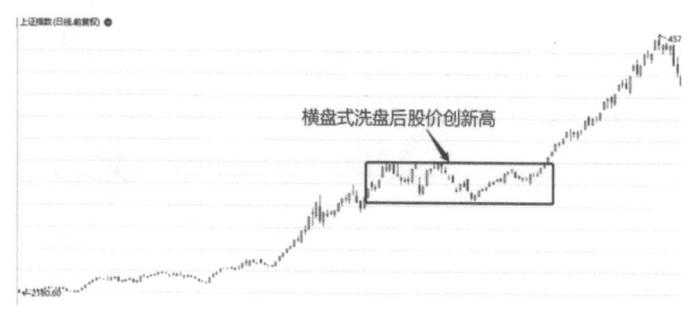

图2.13　横盘式洗盘后股价创新高

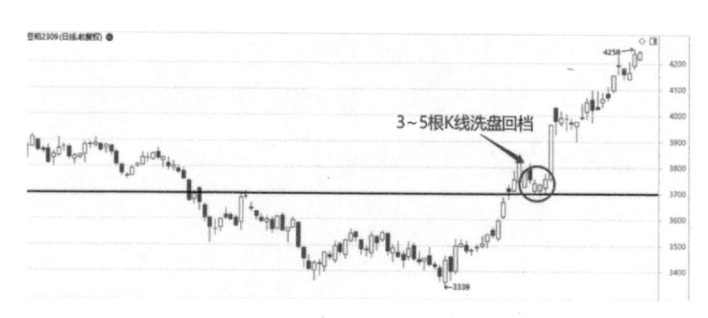

图2.14　快速打压式洗盘后股价创新高

值得注意的是，洗盘和向下反转是有天壤之别的。向下反转盘面的关键信号是价格跌破重要支撑位。因为主力资金不再需要同盟了，只想在高位把筹码换成现金，这个时候一定会原形毕露，吃相难看。

面对洗盘，最好的入场点是洗盘后的突破点（见图2.15）。

试想，如果我们是主力资金，一旦发现洗盘达到预期了，不坚定的浮筹被洗出局了，是不是要马上返身向上突破，然后"一骑绝尘"，头也不回地拉抬股价？答案是肯定的。

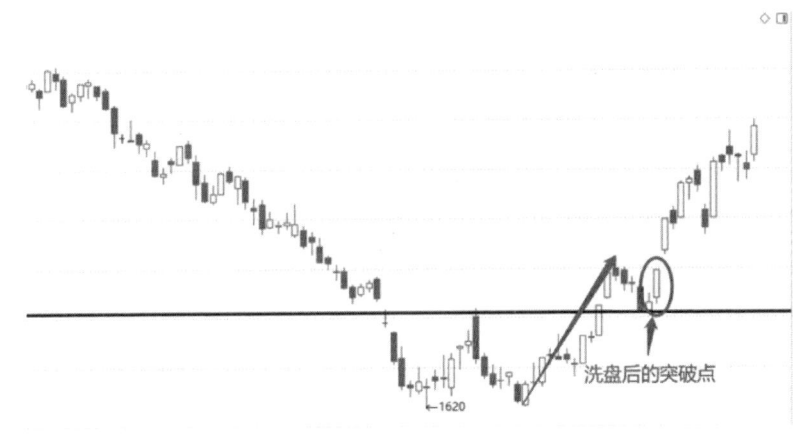

图 2.15　洗盘后的突破点是最好的入场点

05
物极必反，贵在度的把握

暑极不生暑而生寒，寒极不生寒而生暑，屈之甚者信必烈，伏之久者飞必决。

——魏源《默觚·学篇》

投机客之所以能够成功，是因为他们采用的交易策略符合交易之道。但是，不要以为你知道"顺势而为""截断亏损，让利润奔跑"就能盈利了。这就像你获得了贵州茅台的配方，也依然酿不出同样口味的酒，如果没有多年的交易经验，是很难把握好这个度的。

凡是难以量化的、要求对"度"进行动态平衡的，都需要我们去体悟，这就是所谓"只可意会不可言传"。领悟交易之道，悟的就是那个不偏不倚的、恰到好处的"度"。

把可量化的交给科学，把不可量化的交给艺术。我们要悟的，就是科学之外的艺术成分。交易充满了不确定性，能够被量化的工作不到三成，大部分工作充满着矛盾，这里就涉及度的问题。

我们常说股市遵循"物极必反"的规律，但问题是你知道这个道理，并不代表你可以把握住行情，抄到底。

"物极必反"，难在一个"极"字上，并不是股价跌破每股净资产就一定会大涨，还有可能会退市；也不是商品价格高得离谱就一定会跌,比如中国曾经涨了20年的房价。

"春江水暖鸭先知",你要想知道水的冷暖,必须去尝试,尝试的次数多了,自然就会有感觉,这是经验的力量。需要把握"度"的工作,是需要大量实践的。实践次数越多,你对度的感知能力就越强。

这就是为什么初入股市时,你虽然明白了一些道理,也掌握了一些交易方法,却总是亏损的原因。决定你业绩的不是看得见的方法和策略,而是你对这些方法和策略的度的把握。

恕我直言,多数人一辈子都没办法悟透这个看似简单的道理。就拿"物极必反"来说,你是怎么理解"极"的呢?

美国前总统肯尼迪的父亲约瑟夫·肯尼迪是华尔街的一位投资大师,在1929年华尔街大崩盘前,有一天,他请一位鞋童帮他擦鞋。这位鞋童一边擦鞋,一边对股票侃侃而谈。约瑟夫·肯尼迪回家后做的第一件事就是卖出手中的全部股票,从而躲过了那场世纪股灾。这被后人称为"鞋童定律"。这个定律之所以有效,是因为约瑟夫·肯尼迪体悟到,股票价格上涨的极值取决于最后一批入场者的购买力水平。当社会购买力水平很低的鞋童都买了股票,就意味着接盘者已经后劲不足了,难以长久支撑股价继续涨,下跌成为必然。

聪明的你一定会想到,2008年的美国次贷危机也是因为美国房地产商将大量房产卖给了没有购买力的人引起的。

2014年至2015年的A股大牛市是"80后"一代全程经历的一波大牛市,被广大投资者戏称为"杠杆牛",起源于高杠杆,破灭于去杠杆。当时两融资金、场外配资、民间借贷、伞形信托等纷纷入市。

在 2015 年上半年，加杠杆成风，1 倍杠杆起步，最高 10 倍，1 万元撬动 10 万元的资金，1 个涨停就是 1 万元收益。我记得我当时的公司通过一家银行做了伞形信托，最后一笔资金到位是 5 月底，紧接着 6 月 15 号股市就见顶了。

可见，物极必反的大顶部形成，基本上是由于买盘枯竭。如果你悟透了这一点，你离"交易之道"就更进了一步。那么，大底是什么时候呢？

国内期货行家傅海棠说："抓住物极必反的'极'，就能把握方向和拐点。如果一个行业运行到某个点，时间久了，整个行业会完蛋，那这个点就是'极'，不反过来，行业就没了。"

行业的萧条期是资产重组期。行业一片哀号，企业纷纷破产，最终库存清空，产能极度萎缩，于是市场供求关系发生改变。随着需求的逐步回暖，行业底部就会出现。

可见，物极必反的大底形成，主要是由于卖方出清。

06
时空不对称性,抓住短暂机会窗口

> 宇宙就像一片黑暗森林,每个文明都是带枪的猎人,他们最初并不知道彼此的存在,但一旦发现对方,出于自保,最理性的做法就是消灭对方。
>
> ——黑暗森林法则

资本市场就像黑暗森林,你看到的确定性与感受到的安全感都是基于过去的静态信息,而未来的风险在哪里,你根本就不得而知。但是,关乎生存的恶劣环境,最能激发人的内在潜力。

我们每次入场之前都必须明白,风险就在眼前。我们必须尽量减少入场的次数,习惯于等待市场的打盹时刻。

市场行情可以简单分为两大类,一类是随机震荡行情,一类是趋势规律行情。理论上,做交易要尽量避开随机性行情,抓住趋势性行情。

这个道理显而易见,然而,市场给我们增加了难度:趋势行情虽然空间较大,但是持续时间较短。

比如,郑州商品交易所明星期货品种纯碱,从 2022 年 12 月到 2023 年 4 月的 83 个交易日的震荡行情,涨跌幅仅为 1.31%(见图 2.16),而随后的趋势行情,短短 21 个交易日,跌幅达到 30%(见图 2.17)。

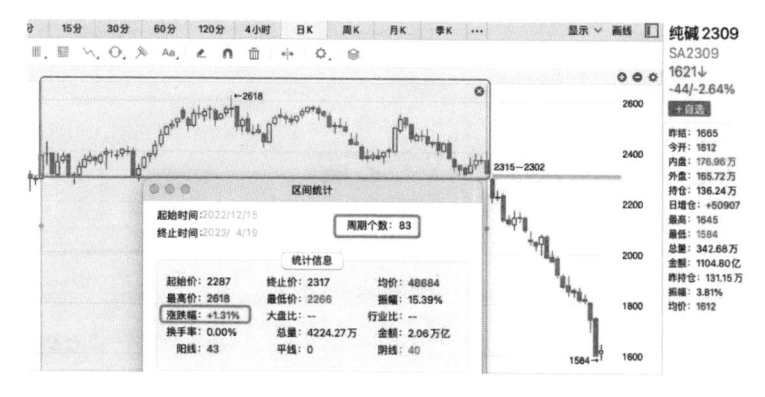

图 2.16　期货纯碱震荡行情涨跌幅（方框中）

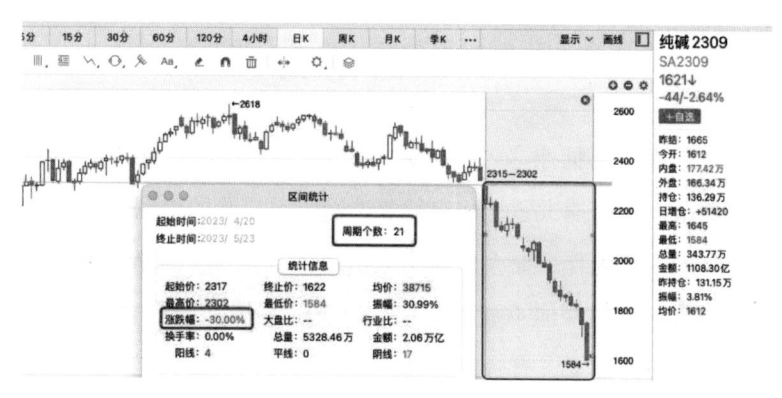

图 2.17　期货纯碱趋势行情跌幅（方框中）

图 2.17 中的趋势行情就是我们常说的"以空间换时间"，这种时空不对称性意味着你的操作窗口期很短，一旦错过了最佳入场点，就很难抓住这次机会。

这是趋势交易赚钱的难点所在：趋势持续的时间很短。我们需要反复体会时间与空间的关系。我们操纵不了空间，而时间也是不等人的，因此，我们必须在等待中迅速抓住短暂的机会窗口。

07
交易系统周期大小的取舍之道

先王之法,不涸泽而渔,不焚林而猎。

——《文子·七仁》

交易者的交易系统就像渔民的渔网。渔民捕到鱼的前提是河里有鱼,或者有他所要捕捉的鱼。渔民会根据鱼的大小选择渔网。

如果渔民要捕小鱼小虾,那么选择的渔网的网眼就不能太大;如果渔民要捕大鱼,那么就要选网眼大一些的渔网。

有人问,为什么捕大鱼要用大网眼的渔网呢?因为当你的目标是大鱼时,如果你不放生小鱼,就会"涸泽而渔",未来也就没有大鱼让你捕了,有舍才有得。

我们反观趋势交易者的交易系统。当我们的目标是赚短差时,我们的交易周期必然是小周期,5分钟、15分钟、30分钟、60分钟等,但是当我们的目标是赚取趋势价差时,我们的交易周期就必须是日线以上的大周期了,如果此时趋势交易者眷恋小周期,那就是不懂得取舍之道。

交易系统的周期不可太大,否则可观波段行情抓不住;交易系统的周期也不可太小,否则交易系统稳定性太差。

交易者需要根据个人经验对交易系统进行调试,一旦定下来,就要坚持使用。

有人说:"交易系统的周期越大,趋势稳定性越高。"这句话在一定程度上是对的。不过,换一个角度来看则不然。很明显,小周期的大趋势,对更大周期而言,就是一朵浪花而已,但是,就是这么一朵浪花,也可能会把人淹死!正如凯恩斯所言:"长期来看,我们都会死掉。"

我们每个人的人生不过是一个不可重复的小周期而已,更不用说我们的交易生涯了。

有的人可以忍受几天、几周或几个月的回调,但如果让他去承受几年的回调,那真的是极难的!

因此,周期适度很重要,既不能太短,也不能太长。周期太短,你无法给随机性容错空间;周期太长,你会给自己带来不能承受之重。

大周期是梦与远方,小周期是柴米油盐。

对于趋势交易者而言,看周线做日线比较合适;对于短线交易者而言,看日线做小时线比较合适。不过,这些依旧是因人而异的。

08
少数人赚钱定律

处众人之所恶，故几于道。

——老子《道德经》

为什么做投资一定是少数人赚钱？这个问题是我一个朋友问的。我的第一感觉是，这还需要解释吗？这是常识。

但是很多问题是禁不住刨根问底的，就连发现万有引力定律的牛顿也不知道究竟什么是引力，他告诉我们的是对现象的总结。我们先思考一个问题：人与人之间不平等的根源是什么？从理论上讲，人与人之间不平等的根源是运气和认知。

运气层面，你无法改变，因为你的运气不是你能决定的。认知层面，你能够改变一部分，集中体现在你的智商和悟性上，具有相对确定性。

我们想要改变命运，希望通过提升认知实现财务自由，投资是一条路，因为通过提升认知可以提高投资的确定性。这里我想谈的确定性就是"少数人赚钱定律"，即成为市场的少数派就能提高赚钱的确定性。

这就需要我们在投资时做逆向投资，逆大众人性投资。这个人性是相通的，而市场是反人性的，成为市场的少数派，可以增加赚钱的确定性！

你喜欢一个人，就会想和他待在一起；你讨厌一个人，肯定是一秒钟都不想和他多待，此乃人之常情，也是人性。

人性是相通的，于是资本市场就按照相通的人性来划分阵营。只有极少数高手可以逆人性行事，大部分散户是顺着人性行事的，这就形成了少数派的主力和多数派的散户。

散户思维和主力思维是天然相反的！散户弱小且不团结，而主力实力强大还很团结，斗争的结果可想而知。这就造成了资本市场"少数人赚钱"的现象。

正如老子所说："处众人之所恶，故几于道。"要想成为交易高手，必须进窄门！

09
资本市场是否真的随机漫步

> 即使换作猩猩参赛,如果你发现其中 40 位猩猩"赢家"都来自奥马哈同一家动物园,你肯定也会前往这家动物园找到饲养员问个究竟,而非简单将其归因于所谓"随机漫步"。
>
> ——巴菲特

随机漫步理论的基本结论是,在一个有效的金融市场,股票等资产价格围绕其实际价值随机波动。这一结论中包含两个重要的概念:"有效的金融市场"和"随机波动"。

有效的金融市场是随机漫步理论的基本前提。如果所有有用的信息都已经反映在某只股票当前的股价中,那么就可以得到一个简单的结论:在没有新信息的情况下,任何人都无法预测该股票将来的价格,或者说任何人对该股票将来价格的预测都与让猴子来选股票没有差别。而在出现新的有用信息时,新信息对股票价格的影响也是不确定的,因此,股票价格围绕其真实价值随机波动。

普林斯顿大学经济学教授伯顿·马尔基尔是随机漫步理论的笃信者与卫道士。他在自己广为人知的经典著作《漫步华尔街》中讽刺了通过图表分析股票的技术分析师:"此后,我就立下规矩,永远不和图表师一起吃饭。这不利于消化。"

这句话令技术交易派感到绝望。那么,是否如这个理论所言，股价真的总是围绕其实际价值随机漫步呢？实际上，那么多交易大师的卓越业绩已经宣告了这一理论在实践中的破产。

我们知道，价格涨跌是有内在因素驱动的，而这种内在因素的驱动具有很强的持续性，比如某品牌的手机长时间引领市场潮流，而那些业绩一直良好的公司，正常情况下未来也会继续好下去，这一点符合"马太效应"。

与此同时，人性是亘古不变的。人性中的从众心理会对价格产生正反馈或负反馈。比如，对于上涨趋势，散户倾向于贪婪地追涨；对下跌趋势，散户倾向于恐惧地杀跌。这使得资本市场在不同阶段的上涨与下跌概率并不相同！比如，在上涨趋势中，做多的胜率远高于做空；在下跌趋势中，做空的胜率远高于做多。

基于这一点，交易者若顺应市场大趋势，逢低买入或逢高卖出，是能够提高胜率的。也就是说，如果你只想赚取趋势的一小段利润，可以等待趋势明朗再进场，如此一来，胜率很容易提高，这是高胜率短线交易的理论基础。

但如果交易者没有判断趋势的能力，无法对趋势做出比较客观的判断，又情绪化地喜欢频繁入场，就会让交易如同抛硬币一般胜负难测，那么价格波动对他而言就是随机漫步了。

可见，交易者行为的随机性比市场的随机性要可怕得多。交易者自身行为的随机性对交易者造成的伤害远大于市场随机性。

值得注意的是，虽然股市并非完全随机，但是交易策略并不总是有效，换言之，再好的交易策略都有失灵的时候。

原因很简单，股市不是一个静态世界，而是由人组成的动态博弈竞局。交易者不仅要研究市场，还要研究对手的策略与反应。这类似于"剪刀石头布"游戏，你预判对方出"剪刀"，你就要出"石头"。不过，对手也不傻，如果他预判了你的预判，那么他就可能出"布"，这就是交易的零和博弈——你赚的不是企业资产增值的钱，而是交易对手亏损的钱！

如果你用一种策略赚了钱，一段时间后该策略就会失效。因为大家都会采用该策略，导致同质化交易增多，成功率下降。

由此可见，资本市场并非总是随机漫步的。资本市场有时候像一个横冲直撞的醉汉，有时候又像遵纪守法的好公民，这很有趣。

10
经济周期来自人的行为周期

> 道生一，一生二，二生三，三生万物。
>
> ——老子《道德经》

经济运行是有规律可循的，这个规律就是经济周期。

经济周期是由谁决定的呢？显然，是由经济活动的主体，即经济人本身决定的。没有人类，就没有经济；离开了人类，生产与交换就失去了社会基础。

作为创造者的人类有一个非常大的特点，就是活在预期和情绪中，而"预期和情绪"太主观了，很难量化，经济学家在建经济模型时，很容易将其剔除。

但是，大家千万不要忘记一点，即常识有时候比高深的理论更重要。你在研究公司文化的时候不可能把创始人的性格和行为剔除掉，这就是常识。不幸的是，大多数聪明的大脑很容易忽视这个显而易见的道理。

可以说，经济周期就是人的行为周期，而人的行为受制于人的预期与情绪。

当人们预期经济会好转，对未来收入充满信心时，就会增加消费，进而拉动生产，使得经济进入正向循环。这种预期的正面情绪可以刺激经济增长和发展。

当人的预期从乐观转变为悲观，进而节衣缩食，降低消费，压缩市场份额，就会导致生产停滞不前，企业大量破产，员工大量失业，经济进入萧条期。

经济的周期就是，有繁荣，就一定有萧条。而这个周期的造就者正是我们人类自身。

11
股价运行规律由什么决定

> 人一到群体中，智商就严重降低。为了获得认同，个体愿意抛弃是非，用智商去换取那份让人备感安全的归属感。
>
> ——古斯塔夫·勒庞《乌合之众》

面对一根根K线的涨跌，我们心中不禁会产生一些疑问：为什么股价有趋势？为什么股价不是随机漫步？是什么因素推动着股价的涨跌？

我认为谁能把这三个问题想明白，谁就能成为交易高手。在我看来，这三个问题其实是一个问题，即股价运行的规律由什么决定。

正如前面我们讨论的，经济周期来自人的行为周期。同样，股价的运行规律也来自市场参与者的行为周期。

因此，你研究透了市场参与者的行为，也就可以回答本文开头的三个问题了。人的行为具有一定的不可预测性，因为个体可以通过自律来修正自己的非理性行为，然而个体一旦融入群体，就很容易"用智商去换取那份让人备感安全的归属感"。换句话说，个体都具有独特性，一旦融入群体，就很容易丧失独特性，随波逐流，进而行为变得可预测，这就是"从众心理"产生的根源。这也是很多优秀的交易者离群索居的原因。

正如《乌合之众》这本书中所写："个人一旦成为群体的一

员，他就不会再为自己的所作所为承担责任，这时每个人都会暴露自己不受约束的一面。群体追求和相信的从来不是真相和理性，而是盲从、残忍、偏执和狂热，只知道简单而极端的感情。"

当一个人不再对自己的行为承担责任的时候，他就会变得肆无忌惮。例如，二级市场公募基金抱团买入某只股票，一级市场股权基金跟风投资某一个领域，虽然最终结果都是一地鸡毛，但相同的事却一再发生。

对于基金管理者而言，他们更需要的是少承担责任：大家一起失败比自己独立思考失败的责任更小。

所以，对于乌合之众而言，没有所谓的真相，只有能否让他们心甘情愿地上当！索罗斯说："世界经济史是一部基于假象和谎言的连续剧。要获得财富，就要认清假象，投入其中，然后在假象被其他人认清之前退出游戏。"

可以这么说，资本市场的价格运行就像少数牧羊人带着一大群迷途羔羊的一次次冒险。牧羊人因势利导，把握方向，领着羔羊们寻找最肥美的水草，养肥了羔羊，壮大了队伍，最终把羊卖了换钱。

资本市场一定程度上是一个财富再分配的场所，很多时候价格运行是主力资金引导散户合力推动的结果。主力资金通过价值、题材、概念等引爆市场热点，激发散户的非理性行为，然后股票暴涨，最终主力资金完成收割，游戏结束。

但是主力资金在引导市场方向时，也受制于市场资金的意愿，是需要讲究技巧的。同时，主力资金的规模太小也不行。

从这个意义上说，没有人可以任意妄为，正如一句德国谚语所言："你可以牵马到河边，但不能强迫它饮水。"

我们知道，能量守恒定律无处不在，股价运行也不例外。为了克服阻力，是需要付出代价的，阻力越小，代价越小，在顺势时，你只需要四两拨千斤。这就是杰西·利弗莫尔总是喜欢在关键位置试盘的原因。

12
活下来,交易者的"残体自卫"

截断亏损,让利润奔跑。

——华尔街谚语

只要做投资,就一定知道"止损"。然而,大家对于止损的态度却大相径庭,有的人主张止损要干脆利索,有的人主张尽量不要止损。

这两种对立的主张都有其理论和实践基础。我们应该采取哪种主张呢?在回答这个问题之前,请大家先思考一下为什么要止损。原因很简单,因为我们不知道"哪片云彩会下雨"。

反过来,什么时候可以不止损?当我们确定"哪片云彩会下雨"时。

经过刨根问底,止损问题变得简单了:当确定性大时,可以选择不止损;当确定性小时,就需要用止损来控制风险。

所以,要不要止损的问题,最终会转换为你是否认为市场有确定性的问题。没人可以准确预测市场走势,这是常识,而未来的市场走势也是各种因素推动的结果。因此,止损是交易者自我保护的必要手段。

值得注意的是,我们并不知道哪次止损是正确的,正如美国著名商人约翰·华纳梅克所说:"我知道我的广告费有一半是浪费的,问题是我不知道浪费掉的是哪一半。"

没有人可以做到精准止损。严格来说，止损是应对不确定性的，只要止损，就说明你不确定，那么，就一定会遇到止损止错的情况。

我一个朋友和我说，他们公司在尝试招聘亏损交易者，然后准备根据其交易反向开仓，看看能不能盈利。我说未必能盈利！亏损交易者既不是每次都错，也不是每次都对，他是随意开仓的，你若反着做岂不是也要随意开仓？

我们知道壁虎逃生的绝技是断尾，在它遇到强敌或被咬住时，挣扎一番后会自断尾巴。离开壁虎身体的尾巴会不停地抖动，迷惑敌人，使壁虎趁机脱身。过段时间，壁虎的尾巴会重新长出来。这在生物学上叫作"残体自卫"。

止损，就是遇到逆势大行情时的自保行为，可以称为交易者的"残体自卫"。如果我们认为未来存在极大不确定性，就需要止损自保，"断尾求生"。

在这里需要补充一点，如果你的资金是"无限续杯"的，或资金仓位利用率极低，也可以选择不止损，但要接受收益率很低的现实。如果你的资金使用效率太低，赢与亏都没有太大意义。

对于投资而言，止损的好处是远离基本面恶化的投资标的。

对于投机而言，止损的好处体现在两方面：一方面可以防止方向性错误，另一方面可以避免把时间浪费在错误的时机上。

总之，止损是有必要的，但是也不可乱止损，而是需要结合我们的交易系统而定。

13
止损的本质是证伪自己而非证伪市场

> 如果你不能承受股价下跌50%,那么你就不适合做股票投资。
>
> ——巴菲特

我见过很多赚到大钱却不喜欢止损的交易者。期货投资者林广茂能够面对满仓60%的本金回撤,最终赚了20亿。风控和暴利是一对矛盾体,交易者获得暴利肯定不是因为风控做得好,但风控做得好必然会让你的资金更加安全。

我们选择做交易,追求的肯定不是绝对安全,而是令我们满意的回报,所以需要一定的冒险精神。

有人说,我可以等待市场出现风险最小、收益最大的机会啊。可是,这种机会存不存在呢?我觉得理论上是存在的,因为"市场先生"也会犯错。

资本市场出现极端高估和极端低估的时候,就是风险与收益不成正比的时候。不过,在实践中,难点在于大众的情绪很难把握,极端高估的市场仍可能继续涨,极端低估的市场也可能继续跌。因此,格林斯潘才说:"泡沫是很难确定的,除非它破了。"

巴菲特曾说,永远不要损失本金。然而,他又说,如果你不能承受股价下跌50%,那么你就不适合做股票投资。

这两句话是相悖的,一度让我感觉巴菲特是不是"言多必失"了。然而随着交易经验越来越丰富,我理解了其中的道理:"永远不要损失本金",是在讲资金安全性的问题;而"不能承受50%的下跌,就不适合做股票投资",是在讲投资的确定性与市场非理性的取舍问题。

我们要从本质上去理解止损,理解风控。

止损本质上是取舍问题。你止损并不是证明市场错了,而是证明你自己错了。注意,这句话特别重要!我们之所以选择止损,是因为市场已经不符合我们交易系统的交易标准了。

至于我们止损出场后,市场是上涨还是下跌,已经和我们没有关系了。这句话并不是安慰大家,而是你的认知到位后的自然感受。

可见,止损是有前提的,即你是否有自己的交易标准与交易风格。比如说,巴菲特是价值投资者,对他而言,企业价值是否持续增长是关键,至于价格,他不太关心,即使50%的非理性下跌,也无法让他动摇,因为他的止损标准不是价格。

但如果你是一个趋势交易者,一旦价格跌破了你的止损价,那么你是一定要离场的。如果市场不符合你的交易标准,你依旧不离场,试图等待市场"回心转意",那你就从一个交易者变成一个赌徒了。

因此,止损是需要标准的。你所止损的只是不符合你标准的行情而已,千万不要觉得你止损了市场就应该按照你的意图走,这是一种不理性的执念。

14
对止损欢喜，交易不再有敌人

> 在市场证明我们的交易是正确的以前，已建立的仓位必须不断减少和清除。即正确的持仓方法是，当仓位被证明是正确的时候你才持有。
>
> ——阿瑟·L.辛普森《华尔街幽灵》

没有人不厌恶风险，大多数交易者厌恶止损，这是人之常情，更是人性使然。反之，每个交易者都希望每次出手都能盈利，但是难免会"踩到臭狗屎"。

这时候，你是否会下意识地说一声：真倒霉！如果接连几次都"踩到臭狗屎"，你走不了几步可能就会放弃，因为你受够了。

但你是否知道，你所钟爱的玫瑰最喜欢"臭狗屎"这种养料？所以，你所钟爱的美好，恰恰是你所厌恶的丑陋所供养着的。对大自然来说，一切都是一样的，美与丑、好与坏、盈与亏，别无二致。分别心一起，内心的宁静就会被打破，智慧也就离你而去了。

做交易，有盈利就必然有亏损，有得意就必然有失意。你不可能永远面对艳阳天，早晚会经历瓢泼大雨，甚至是晴天霹雳。

老子早就给我们指明了道路："将欲歙之，必固张之；将欲弱之，必固强之；将欲废之，必固举之；将欲取之，必固予之。"

你想要得到,就要先失去;你想要维持强势,就要先处于弱势。因此,交易者想要赚钱,就要先学会止损,只有学会止损,才能到达鲜花遍地的彼岸。

你在学习骑自行车时,是不是摔过很多跟头?那些摔过的跟头对你的技能提升有没有用呢?你摔多了,慢慢就知道如何掌握平衡了。投资也是一样的道理,止损是你走向盈利的必经之路。

成功能给你带来自信,但不能带给你反思,失败才是成功之母。

当你对止损欢喜,你在交易这条路上就不再有敌人。

那些成功的交易者,哪个没有前期的失败做铺垫?即便是期货投资人傅海棠也曾连续亏损9年。因此,成功与失败,主要看你如何定义。如果你把一次亏损看成失败,那你就真的失败了。你没办法学会小亏,就没机会大赚。

交易其实就是失败者的游戏,成功都是偶然的。

对止损的认知是分层次的,不同的层次反映了交易者的不同境界。

第一层,为什么要止损?我们可能都经历过止损后行情却大涨的情况。这个层次的错误在于以偏概全,因为我们忘了,还有很多次止损帮我们躲过了大亏。

第二层,止损是为了保本。"割肉"时心在滴血,想要找到少止损的办法。到这个层次的交易者,说明已经接受止损,只是依旧不甘心。

第三层,实践证明,没人知道哪次止损是对的。止损本来就是交易系统的一部分,坦然接受吧。

第四层，感恩止损的存在，对止损不再排斥。因为止损是护身符，虽然有时候护身符会失灵，但是关键时刻它可以保命。

我们要对止损心存欢喜，每次都要感恩市场给我们改过的机会，这样我们就不再有敌人了，因为止损会成为我们扬帆起航的助推器。

15
贪婪与恐惧，究竟哪个更可怕

> 贪心会使雪亮的眼睛失明，贪心会使鱼、鸟在网中丧命。
>
> ——萨迪

　　多巴胺让人追求欲望的满足，这是贪婪的根源。恐惧是一种基本的情绪反应，是人类一种自我保护机制。作为碳基生物，我们的生活围绕着两个主题：生存和发展。适度贪婪可以促进个体发展，适度恐惧可以保护个体生存。

　　适度贪婪可以增加我们奋斗的动力。平均主义被证明是错误的，干好干坏都一样会让我们失去奋斗的动力，会让社会倒退。做投资的，没有一个人喜欢平均主义，都希望自己多赚钱。

　　恐惧，是所有动物的本能。如果我们不知道害怕，就会将自己置于危险之中。没有恐惧，我们就不会防御，遇到危险就无法应对。我们恐惧法律的惩罚就不会违法，我们恐惧因果报应就不会作恶。

　　不过在我看来，恐惧是生理本能，我们要上升到心理层面，即"敬畏"。恐惧是被动的，敬畏是主动的。"举头三尺有神明"，敬畏是一种"慎独"，就是我可以选择，但我拒绝了。

　　我之所以强调"敬畏"，是因为很多危险我们是看不到或者看不懂的。骄傲的人看不到风险，愚蠢的人看不懂风险。一旦人有了敬畏心，会少犯很多错，这岂不是非常划算？

　　很多人被贪婪冲昏了头脑，不敬畏市场：股票价格涨了，赚了点钱,就赶紧加仓,又赚了,就将谨慎抛到了九霄云外,只想马上重仓押注。这就是大部分散户虽然经历了大牛市,却依然亏损的根本原因。股票市场的分配机制很特殊:价格上涨过程中大家都赚钱,但真正完成财富分配的却是下跌过程。

实际上,贪婪和恐惧是密不可分的:欲而不敢是恐惧,求而过量是贪婪。欲望会让人忘记恐惧,忘记恐惧就不再敬畏,不再敬畏会让贪婪肆虐,最终人很可能会被贪婪吞噬。

你敬畏市场,就能活久一点,你总是贪婪,很快就会被市场消灭。我只听说过重仓死扛爆仓的,没听说过止损爆仓的。

16
趋势是一场饕餮盛宴与残忍屠杀

甲之蜜糖，乙之砒霜。

——亦舒《曼陀罗》

作为交易者，如果你不贪心，"弱水三千只取一瓢"，那么你有极大可能赚取一定的利润，因为这个市场足够大，完全可以满足你的小小需求。但是如果你的目标不是一点利润，而是暴利，那么你就不得不考虑一个问题：你赚的钱从哪里来？

以期货市场为例，每次的单边趋势大行情，本质上都是对错误方的碾压式进攻。这就好比两方对峙，开始时不分胜负，表现在行情上就是震荡；一旦一方占据主导地位，就会对另一方发起猛攻，让其招架不住，表现在行情上就是单边的"逼空"或"逼多"。

比如，2021年6月到9月初，期货焦炭上涨了近80%（见图2.18），让业内人士直呼看不懂，这就是典型的"逼空"行情。

图 2.18　2021年6月到9月初，期货焦炭上涨了近80%

逼空行情指多方不断拉动价格上涨迫使空方平仓，是脱离基本面的博弈。

逼空行情最后的暴涨，并不是由看多的人争相买入造成的，而是由空头爆仓被迫认输买入平仓造成的。

因此，一波趋势性行情，本质上就是赢家对输家的收割。对赢家而言，趋势性行情是一场饕餮盛宴；对输家而言，趋势性行情是一场残忍屠杀。

一般散户应该如何对待趋势性行情呢？很简单，不参与对抗，顺势而为，与赢家为伍。

对于难得的逼空式趋势性大行情，我们既要谨小慎微控制风险，又要有天马行空的想象力。

风险意识能够让我们长久地在市场中存活。只要活得够久，总能等到真正的大机会。但是在大机会面前，如果想象力不足，看到的全是"芝麻"，势必会错过"西瓜"。

正如巴菲特所言，天上下金子时要用大桶接。天上怎么会下金子呢？如果你没有想象力，是压根看不到金子的，所看到的只是瓢泼大雨。

因为，你能看到的是你相信的。相同的事物，在不同人眼中显化的是不一样的，"甲之蜜糖，乙之砒霜"。

单边暴跌行情，没有最低，只有更低，会将所有你认为的支撑全部打破（见图2.19）。这种行情，对做空者而言，是一场盛宴；对做多者而言，是一场灾难。

我们做交易，每次都要把价格对重要阻力位或支撑位的突破想象成一波大行情，同时，我们还必须不断移动止损位，直到行情确认反转再出场。

在这方面我过去也犯过错,比如我总是在想会不会是假突破,如果是真突破的话价格能到多少……

想这些问题,实际上是"庸人自扰",因为市场根本不在乎你想什么,市场有自己的节奏,你需要做的是发挥想象力,做跟随者。市场给你多少你就拿多少。

图 2.19　单边暴跌行情,没有最低只有更低

对趋势交易者而言,大幅盈利靠的是风控能力和想象力,而非预测能力。

罗马不是一天建成的,真正的趋势性行情也不是一天形成的,更不会在短时间内结束。趋势一旦形成,会超出大部分人的想象。它既是一场饕餮盛宴,又是一场残忍屠杀。

17
获取财富的关键是什么

> 富而可求也，虽执鞭之士，吾亦为之；如不可求，从吾所好。
>
> ——孔子《论语》

我认为获取财富的关键有四点，即信息差、认知差、执行差与竞争差。

进入门槛越高的行业，越容易获取财富；进入门槛越低的行业，获取财富的难度越大。比如股市，只要有身份证就可以开证券账户买卖股票，但从股市赚到钱的却是极少数。

这个底层逻辑是供求关系。门槛越高，供给越少，少到一定阈值还可能有溢价；门槛越低，供给越大，大到一定阈值，还可能会折价。道理总是朴实无华，但是真正懂的人少之又少。为何？因为门槛有两种：一种是有形的，比如执行差与竞争差；一种是无形的，比如信息差与认知差。

我们都知道高考是千军万马过独木桥，若你考上名校，成为天之骄子，不出意外的话，基本上能够过上中产的生活。这种门槛是有形的门槛，大家都知道，因此，竞争异常激烈，99%的人会被淘汰。

上海的房价一直很高，大家都认为核心城市核心地段的房子有保值和升值功能，理论上是正确的，但为什么很少有人赚到这个钱呢？原因很扎心也很简单，就是贵！一个"贵"字就是最大的竞争门槛。

执行差、竞争差是有形的门槛；信息差、认知差是无形的门槛。

信息差在资本市场体现得最为明显。譬如某只股票，如果你提前得知上市公司要重组，提前买进，那么你一定能赚到钱。

不过，如今不是信息匮乏的时代，而是信息过载的时代，更需要我们提高认知，就是面对相同的信息，我们究竟能比别人多看到什么。我们比的不是信息获取能力，而是对信息的甄别能力，有人能够见微知著、提前布局，有人却后知后觉、后悔莫及。

比尔·盖茨正是因为收购了操作系统QDOS（对方不懂行，5万美元就卖给他），才有了MS-DOS，让他赚取了第一桶金。

在百年未有之大变局的当下，我们能做的就是武装自己的思想，提升自己的认知。因为一旦你的认知跟不上，那被淘汰就是必然的。

18
交易者为何要保持空杯心态

三十辐共一毂,当其无有,车之用。埏埴以为器,当其无有,器之用。凿户牖以为室,当其无有,室之用。

——老子《道德经》

你必须放下自己的观点,放空自我,才能顺应趋势。

很多人常常感叹:知道许多道理,却过不好这一生。明明知道熬夜不好,却打游戏到凌晨;明明知道抽烟有害健康,却控制不住自己。

当我们明明知道自己的行为不对却控制不住自己时,我们要好好想一个问题:是否每个人都控制不住自己?

很明显,不是的。自律的人可以做到,那些提升认知的自悟之人更可以做到。自律需要靠意志力强迫自己,消耗内在能量;而自悟之人能享受其中,滋润自己。

我们要找的就是那种毫不费力的纯粹的感觉。譬如老司机,他开车的所有动作都是在潜意识下做出的,都是自然而然的,没有任何技巧。因此,你明白的道理是不是潜意识所认可的,才是关键所在。

如何让潜意识认可?这是一件非常简单又非常困难的事情。我们潜意识里很多根深蒂固的观念都是小时候形成的,先于我们的理性。

当我们成人后，理性归位，通过学习发现自己有很多错误的观念和行为，但是似乎为时已晚，难以改变。尤其是那些需要从根本上改变认知的观念，改变起来特别难。

所以，难的不是道理或者事情本身，而是改变自己的固有观念。但如果你是"空的"，那么所有正确的观点你都可以轻松接纳。

就像一台电脑，只要内存足够大，输入多少内容都没问题。这就是一个人要保持"空杯心态"的根本原因。

因此，当你觉得"知道很多道理，却过不好这一生"时，你要检查一下自己的"内存"是不是出现了问题。

交易是一件非常简单也非常难的事情，简单是因为它所需要的认知并不高深莫测，不过就是顺势而为、及时止损，"让利润奔跑"；难是因为大多数交易者无法改变固有观念，没有空怀心态。

19
交易者为何要保持无知

求知若饥，虚心若愚。

——史蒂夫·乔布斯

不知道你有没有这种经历：当你满仓做多一只股票时，它却连续大跌，利空消息接踵而来，即使下跌信号已经确认，你还是觉得看不懂。

当现实和认知不符的时候，为了自圆其说，你的认知就开始"和稀泥"：明明价格大跌，但你内心拒绝接受，就表示看不懂行情。这个看不懂本质上是不认错。当我们预设观点的时候，很容易陷入这种执念，执念越深，赌性就越大。

这种有执念之人，往往不是大赚就是大亏，通常大赚的利润也守不住。比如"世纪大爆仓"的主角比尔·黄，从2亿美元做到50亿美元，他花了9年时间；从50亿美元做到150亿美元，他花了3个月；而输光这些，他只用了短短3天。

之所以赚钱，是因为认知与客观相符。但是有了成就以后，人很容易自负，如果再加上很难改变的自身观念，难免会"一败涂地"。

想要解决这个困境，只有一个办法，即保持无知。只有让自己保持无知，才有胸怀接纳自己不懂的新鲜事物和变化。

在中国，大约每过10年就有一次财富窗口期，每一次都会诞生一批富翁。

时代弄潮儿们不内耗、不纠结、保持无知，随时与过去的经验切割，随时顺应当下实际形势，正是这种本领让他们无坚不摧，抓住一个又一个机会。

在市场随机性面前，我们只能保持敬畏，保持无知，控制自己就可以了，不要试图控制市场。我们要学会用仓位去控制风险，而非用预测来固化执念。

20
所有的偶然性都有必然属性

> 凡事都有偶然的凑巧，结果却又如宿命般的必然。
>
> ——沈从文《边城》

墨菲定律说，如果坏事情有可能发生，不管这种可能性有多小，它总会发生，并引起最大可能的损失。

这个定律在交易上特别有价值。本节我们从概率论角度结合交易进行分析，相信你会有不一样的全新认知。

实际上，墨菲定律可以解释为：所有的偶然性都有必然属性。从概率论角度看，偶然性也称为小概率事件，这是针对小样本而言的；当样本足够大的时候，即在绝对时空中，小概率事件都是必然事件！

"林子大了什么鸟都有"说的是空间问题，"常在河边走，哪有不湿鞋"说的是时间问题。概率性的事件会随着时间和空间的延伸而变成确定的必然性事件。

也可以说，在足够大的尺度下，没有概率一说，都是确定的，但是在某些小样本的情况下，由于事件分布不均匀，才有了概率。

打个比方，一个盒子里有一定数量的红色、蓝色、白色的玻璃球，你一把抓起几个球，你这一把抓到的蓝色球的可能性和数量，都是概率问题，而对于盒子里原先的所有玻璃球而言，你抓多少就是多少，没有概率问题。所以，概率与观测者有关，或者说概率与视角有关，更进一步说，概率与我们的认知模式有关。

用在交易中，概率与我们使用的交易系统有关。你用 A 系统盈利的概率是 40%，用 B 系统盈利的概率可能就是 60%。

在全样本条件下，没有意外与偶然。一旦我们定义了样本，偶然性就出现了，概率随之出现。

由此，得出一个结论：我们所使用的交易系统或分析模式，是概率性呈现的，因为它们有时空的局限性。

但是，对市场价格本身来说，明天价格如何，那是必然的！这个必然就是：不以我们意志为转移的其他参与者行为的合力！特别是对决定价格走势的主流资金来说，它们的行为都是预先计划好的。

"夏虫不可语冰，井蛙不可语海"，可以说，宇宙没有偶然，偶然性只是因为人的认知有限。

由此，所谓的"黑天鹅事件"也就好解释了。本质上，这种事件就是我们的认知与思维范式之外的小概率事件，只是这种可能性或者说发生概率太小，从而被我们无视，但是墨菲定律这个时候就发生作用了：当时空无限延伸，小概率事件会成为必然事件，而这种小概率事件就是所谓的"黑天鹅事件"。

同理，如果一个交易员认知错误，因为概率，他可能暂时幸运地赚到了钱，但是时间拉长，他一定会亏回去。

举个例子，如果一个交易员不设止损，通过死扛赚到了钱，他就会觉得没必要止损，这就是认知错误。当然，如果足够幸运，他还有可能通过死扛获利，但是这是对错误认知的强化，最终会让他品尝到失败的苦果。

很多优秀的交易者之所以折戟沉沙，就是因为他们的策略只适合一时的行情，普适性不够，当行情与环境发生改变，他们觉察不到，依然我行我素，最终只能黯然离场。

现在很多遭遇巨大亏损的基金经理过去的业绩都是非常优秀的，但是他们的策略并未经历市场牛熊周期的检验，可能只是偶然押注了热门牛股赚了钱。然而，时间不会撒谎，周期拉长，交易策略的缺陷早晚会暴露。

墨菲定律的存在，让我们必须时刻保持谦卑。

21
正确面对交易生涯的低谷期

衡量人成功的标志,不是看他登到顶峰的高度,而是看他跌到谷底的反弹力。

——巴顿将军

如果你问我,交易带给我的快乐多还是痛苦多,我会毫不犹豫地回答,交易带给我的痛苦远多于快乐,但也正是这些痛苦让我获得了人生智慧。

相比于实体投资周期长、见效慢,交易的盈亏是立竿见影的。也正是由于交易周期过短、波动较大,所以时刻考验着我们的决策能力与自控能力。

做交易要承受的压力是一般人难以承受的。以付海棠为例,他早年靠期货棉花行情赚到1个亿,但在2013—2016年却亏得只剩下1500万元。

面对资金大幅回撤,很多人难以承受,心态崩溃,从此一蹶不振,甚至有人放弃生命。但是,付海棠是个例外,他用1500万元本金在一年的时间里赚了10个亿!

在我看来,这不是掌握多么高明的技术就能够做到的,这需要强大的心力。逆境翻盘不是每个人都能做到的。

交易亏损的人比比皆是。在这个领域,想要冲出重围,没有强大的心理韧性是无法成功的。

在交易生涯中，谁都难免会遇到挫折。心理承受能力差的人，面对小小的挫折就会精神紧张，而那些内心强大的人总是沉着应对。

在我看来，想做好交易，就要学会正确面对挫折，要把挫折转化为成长的养料。每次亏损都要吸取教训，积累经验。我们犯错的时候，要学会转念，要满怀欢喜，因为这说明我们还有提升的空间。

与此同时，我们还需要拥有另外一种关键技能，即"一键重置"。当我们吸取教训，满血复活，说明我们的自愈力得到了提升。但心态是否能回到初始状态呢？有没有留下心理阴影呢？能否提升技能、重置心态是交易者是否成熟的重要标志。

真正心理强大的人，能从错误中不断学习，并及时调整自己的方向与方法。与此同时，他们还能够把自己的情绪恢复到"如如不动"的状态，这一点特别难。

可以说，一个没有情绪的交易者，一定是一个优秀的交易者。所谓"喜怒哀乐之未发，谓之中；发而皆中节，谓之和"，交易最终比的还是谁能够控制住自己的情绪。

我一个朋友擅长根据基本面投资，他从来不在意价格波动。他说，如果知道自己的某个下属喜欢盯盘，他一定会将其开除。

这种做法虽有点极端，但正是这种"极端"让他的投资变得简单了：不受情绪影响，只关注事情的本质！

第三章

为者败之，执者失之

01
交易者的三种思维方式

> 不谋万世者，不足谋一时；不谋全局者，不足谋一域。
>
> ——陈澹然《寤言二·迁都建藩议》

有一定交易知识和交易年限的交易者，如果仍然持续亏损，那么很有可能是思维方式出现了问题，主要有三种情况：一是线性思维，二是缺乏系统性思维，三是缺乏全局性思维。

刚进入交易领域时，大部分人会如饥似渴地学习并钻研各种技术与基本面知识。以我自己为例，我在早期读了很多投资类书籍，多了不敢说，一百本是有的，对各个派别的核心理论如数家珍。

在寻找股市"圣杯"的路上一再受挫后，我发现资本市场根本不存在必然的因果关系。我总是学习必然战法，就属于线性思维，它的危害是让我以为学会识别交易信号就能够"百发百中"，实际上，并非A发生，B就一定发生。

在随机性面前，不存在线性关系，而我们的自负来自我们觉得自己可以靠某种技术战胜市场。

我们应该把线性思维转换成概率思维。概率思维很容易理解，但是极难做到。

当我们学习大量交易知识后，好像收获满满，但又好像一无所获。很多书籍专门讲如何选股，如何确定买点，确实也让我们学到一些知识，但总是让人感觉七零八落，不成体系。

书中讲的交易方法，有时有效，有时无效。我们信心还没建立起来呢，就被市场泼了一盆冷水。就这样，我们学习了B战法抛弃A战法，学习了C战法抛弃B战法，根本就无法形成闭环。

这样做的问题在于，大家总是在一个个点上打转，而忘了如何把各个点连接在一起，形成线，再由线形成面，最终形成体系。也就是说，缺乏系统性思维。

系统性思维具体到每个点上，其实要求并不高，并不需要把每个点都做到极致。就像一个球队，不一定每个人都是贝克汉姆，只要队员之间能够打好配合，能够互补就行了。

交易的概率性要求我们必须采用系统化的交易模式，并通过一致性执行来体现概率优势。买卖信号构成一个面，资金管理构成一个面，自我管理构成一个面，把三个面合在一起，就形成了一套完整的交易系统。

建立交易系统才是我们真正要努力的方向。至于单一的交易方法，其实没有那么重要，你学习了一万种买入方法，都不如建立一套交易系统有意义。

这个系统要明确什么时候买入，什么时候卖出，什么时候加仓，什么时候减仓，以及用多少资金参与。

有了交易系统，是否就万事大吉了呢？当然不是。因为交易系统经常犯错。当我们犯错的时候，就会产生怀疑，这种怀疑如果处理不当会很麻烦。

"不谋全局者，不足以谋一域。"这个时候我们更需要全局思维。千万不要觉得这太理论化了，没有用，无用方为大用。

从哲学上说，全局思维是指对待系统问题时从整体着眼的思维，而非仅关注个体的"局部思维"。系统的整体表现很难通过研究系统中的元素来判断，因为整体不是各个部分的简单相加。

　　概率性思维，让交易更洒脱；系统性思维，让交易更简洁；整体性思维，让交易更轻松！

02
交易是一场"阳谋"

> 投机如山岳一样古老,华尔街没有新鲜事。
>
> ——杰西·利弗莫尔

资本市场充斥着假象和阴谋,但交易本身是一场阳谋。

阴谋若让人看穿,就会变得毫无价值。阴谋需要在暗处操作,无法暴露在阳光下。

相比之下,"阳谋"更高明,把一切都告诉你了,但你无可奈何,只能按照既定剧本往下走。"阳谋"是无解的,或者说很难有好的解决方案。

"君子坦荡荡,小人长戚戚。"真正的高手玩的都是"阳谋"。阳谋就是根据现有条件,因势利导,光明正大地达到目的,其中关键是利用好"势"。

"阳谋"是一种高级博弈,要研究透对手,并据此制定具体策略。

就算是在"庄股时代",导致散户亏损惨重的也不是假消息,而是他们的人性——贪婪与恐惧!这是本能,与生俱来,很难改变,却很容易被利用。

股市有句谚语:"一根阳线改变情绪,两根阳线改变观点,三根阳线改变信仰。"股市并不需要使用什么阴谋手段,只要给散户几根阳线,他们就会上当。

当一只股票的估值已经很高,股价却还在上涨时,一般的交易者会怎么想?反正我是来投机的,赚了就跑。最终,他们被套在了顶部,是不是他们真的笨?是不是他们不知道这是阳谋?不,他们都知道,但他们就是控制不了自己的贪欲。

当一只股票趋势向好,突然一个大跌就会令很多散户赶紧跑路,从而与牛股擦肩而过。其实他们很清楚,股价上涨不可能一蹴而就,出现回调在所难免,但他们就是无法忽视这看似吓人的洗盘。

资本市场的博弈是明牌,交易者使用的交易方法都差不多,但因为心性不同,造成了完全不同的交易成绩。

03
成功的密码就是抓住机会

> 虽有智慧,不如乘势;虽有镃基,不如待时。
>
> ——《孟子·公孙丑章句上》

成功的密码就是抓住机会。抓住大机会是大成功,抓住小机会是小成功,抓不住机会就不可能成功。

说到底,人与人之间先天智力的差别并不大,之所以后天差距巨大就在于有的人能等到机会并抓住机会。当你抓住的机会足够大时,人生就能上一个台阶。

很多人年轻时看不懂,也不觉得机会有多重要,单纯地认为只要自己变得优秀,一切都会有。

然而现实却并非如此。我们可能在不知不觉中错过了一次又一次机会,蹉跎了人生,辜负了岁月。

世俗社会评判一个人成功与否的标准不是你是否大学毕业,也不是你是否饱览群书,更不是你是否吃苦耐劳,而是你获得的财富与地位。

抛开地位,仅就财富来说,如果你想跨越阶层,按部就班地做一份普通工作大概率是做不到的。只有抓住机会,才可能实现人生突围。这里我说的机会不是简单的机会,而是时代的历史性大机会。

一个人想取得小成就容易,想取得大成就一定要抓住时代的红利。阿里巴巴的电商业务之所以能够迅速崛起，本质上还是因为抓住了"互联网技术开始普及、中国成为制造业大国与人们消费方式改变"三者叠加的巨大机会。

改革开放以来，中国至少出现了 4 次大机会，抓住这些机会的人，很多获得了大量财富。

20 世纪 80 年代，改革开放初期

改革开放初期，计划经济体制和市场经济体制并存，导致商品价格双轨制出现，那些"投机倒把"的个体户利用价差赚钱，成了"万元户"。

20 世纪 90 年代，股市诞生

1990 年，中国股市建立。一群"不务正业"的股民进入股市，勇敢尝试，很多实现了百万甚至千万的财富目标。有的人现在还活跃在交易一线。

21 世纪初，互联网时代到来

1995 年到 2000 年，与科技和新兴互联网相关的企业股价快速上涨，并在 2000 年 3 月到达顶峰。从 2000 年 3 月 10 日的高点到 2002 年 10 月 9 日的低点，代表互联网新兴行业的纳斯达克指数暴跌 77.9%。互联网泡沫的破灭对硅谷和华尔街造成了重创，对中国互联网企业也造成了重大打击。但泡沫破裂并非一无是处，经历寒冬后，中国一些互联网公司如腾讯、阿里巴巴、百度等幸运活下来并日益壮大。经过 20 多年的发展，尤其在智能手机出现后，一些平台型互联网企业不断颠覆传统行业，而早期入驻这些平台的人也都赚取了可观的财富。与此同时，属于个人的"网红经济"也蓬勃发展，很多素人因为一条短视频一夜爆红。

2000年至2020年，房价持续上涨

我国房地产市场化改革是从1998年国务院下发《关于进一步深化城镇住房制度改革，加快住房建设的通知》开始的，这份文件明确全面停止住房分配，实行住房分配货币化，给福利分房制度画上了句号。之后20年，房地产市场持续繁荣，房价不断上涨，整个"70后""被迫"赶上了这一波造富神话。

很多投资大师和企业家之所以能成功，都是因为抓住了大机会并守住了成功果实。不过，先胜后败的案例也比比皆是，守住财富比赚取财富更难。

对我们个人来说，大机会可遇不可求。我们只能去精细化解构自己人生的机会。

我们的人生有60~80年，可以用康德拉季耶夫理论进行人生规划。60年的康波周期中套着3个房地产周期（库兹涅茨周期），20年波动一次。1个房地产周期套着2个固定资产投资周期（朱格拉周期），10年波动一次。1个固定资产投资周期套着3个库存周期（基钦周期），3~4年波动一次。

由此可见，我们的人生经历就是1次康波周期（幸运的话有2次）、3次房地产周期、9次固定资产投资周期和18次库存周期。人的一生就是在经济周期轨迹上冲浪。有时候你被浪头掀到空中，便会洋洋得意；有时候你被波浪拍到岸边，便会郁郁寡欢。

反观A股市场，基本上也是10年左右就有一波大牛市，正好与朱格拉周期吻合，可谓一代人有一代人的大牛市。2005年的牛市距离1996年的牛市约10年，2014年至2015年的牛市，与

2005年的牛市也相差约10年，如果按照这个周期推算，接下来A股的牛市起点大概就在2024年前后，再下一轮牛市以此类推。当然，分析归分析，交易归交易。

04
唯有内心"立得住",才能成为强者

> 人须在事上磨,方能立得住;方能静亦定,动亦定。
>
> ——王阳明《传习录》

想要成为交易的强者,内心必须立得住,光靠学几种交易方法是不够的。所谓"立得住",就是面对挫折不怀疑、不气馁、不退缩,面对成就不居功、不自傲、不膨胀,面对诱惑不心动、不迷惑、不鲁莽。

"人须在事上磨,方能立得住;方能静亦定,动亦定。"这是王阳明特别深入人心的一句话。王阳明认为,人应该通过各种事情磨炼自己,才能立足沉稳,才能达到无论动还是静,都能保持心中定的境界。

在交易中你会发现,你学习的一些你认为非常好的技术,一旦进入实战就没用了。因此,交易必须在学中练,在练中学。但要记住,你练的不是技术,而是借技术修炼你那颗躁动不安的心。

很多人初入股市就赚了很多钱,这让他们觉得自己天生就是做交易的料,还截取收益曲线图到处给别人看。他们确实赚钱了,但是他们需要想一想,交易如果这么简单,为什么还有那么多人亏钱呢?

其实,这种初入股市就赚钱的经历,很多人都有。在我看来，这是一个交易者的高光时刻，因为这个时候交易者尚未被市场带偏，内心其实是纯正的，也就是"看山是山"。在这个阶段，赚钱是相对容易的，只要赶上一波你一眼就能看出的趋势，买入就赚钱。

看起来一切都好，但是，这可能是大亏的开始。因为一旦赚钱，你的心就会开始膨胀，就会过于自信，甚至自负，形成执念，最终偏离市场，随心所欲，然后就开始亏钱。

做交易是一个放下自我的过程，放下得越多，越能对市场保持客观，越能按照市场规律进行买卖。

试想一下，当你面对亏损，你是否能不为所动，坚持按交易系统执行？当你赚到钱后，你是否能克制膨胀的欲望？当你持仓时，你是否能不受振荡影响？如果这些你都能做到，那说明你已经是一个成熟的交易者。

因此，在"事上磨"，是交易的必经之路，谁都逃不过这个"否定之否定"的曲折过程。

05
交易的理性博弈荒谬

在市场极度乐观或极度悲观时,往反方向下注就对了。每次,当我看到全市场的投资人都举手投降时,就像看到股市落底的明确迹象。这一招,我已经用了30年了。30年来,这招的失灵率为零。

——安东尼·波顿

很多人说,交易是一种博弈,其实我们大可以换一个角度来看这个问题。

博弈,本质上是理性人想要自身利益最大化而采取的最优行动。当大家都看好后市,为了使自身利益最大化,会争着入场,导致股票价格越来越高。反之,大家都不看好后市,为了使自身利益最大化,会争着抢着抛售离场,结果股价跌停,最终大家都无法全身而退。

这是羊群效应的必然结果,哪怕这个羊群的群体力量再强大也没有用。

这就是博弈的理性荒谬!

回到交易行为上,如果我们认为交易是"争先"的理性博弈,那么我们就在与他人争先手,比谁更快、更聪明,赢了侥幸,输了后悔。

换个思路,如果我们把交易变成"不争"会如何?当其他人都争着卖而卖不掉的时候,我们考虑买点,给他们消化库存;当其他人都争着买而买不到的时候,我们考虑卖点,给他们增加筹码。如此,你就跳出了这场博弈。你愿意"处众人之所恶",你的行为"善利万物而不争",最终你就会"几于道"。

大家都在争着卖,价格一定很优惠;大家都争着买,价格一样很昂贵。这就是不争而争!

优秀的交易者不会让自己陷入这种理性博弈的荒谬中。解决的办法就是正确自我定位,把自己定位为资产优化配置的参与者,而非盲目追涨杀跌的推动者。

这种"人弃我取"的逆向投资,是解决理性博弈荒谬的不二法门。逆向的本质就是帮助市场扭转非理性情绪,让市场资产配置与定价回到合理的位置和估值范围内。客观上看,那些优秀的交易者都是在"沙里淘金""助弱扶强"。

无论如何,我们要谨记,我们获得财富是因为我们的行为符合了市场的运行之道。

06
为什么要成为战略型交易者

大道甚夷,而民好径。

——老子《道德经》

所有的交易策略与交易系统,都可以从胜率、赔率、频率三个方面来考量。一般而言,交易者可以分为两类:一类是重视胜率的战术型交易者,一类是重视赔率的战略型交易者。

战术型交易者是典型的短线交易者,而战略型交易者是中长线交易者。前者盈利靠高胜率的交易系统多次出击,积少成多,后者盈利靠高赔率的交易系统耐心等待大机会的到来,"三年不开张,开张吃三年"。

通常来说,战术型交易所能承载的资金量有限,而且耗费交易费用较多,很难获得可观收益。实践证明,交易高手大多是战略型交易者。

趋势交易者是典型的战略型交易者,他们不重视胜率。对他们而言,胜率仅仅是一个数字,真正有意义的是对趋势行情的捕捉,是提高赔率。

这就回答了为什么趋势交易者胜率不高的问题。很明显,胜率不高,并不是因为他们笨,恰恰相反,是他们刻意为之。

在这里我强调一下,胜率是统计学概念,有样本后才能计算出来,而赔率是预期性概念,要事前评估。比如说,在 10 次交易中，4次获利，6次没有获利，那么事后统计胜率是40%；但赔率没有统计口径，可能获利的4次交易中，有一次仅获利5%，有一次却获利150%。

趋势交易者胜率低，试错成本高，会让意志不坚定的人望而却步。趋势交易者非常乐意去做别人不愿意做的事情，因为他们知道，只有这样，才能成为赢家。

"大道甚夷，而民好径"，如果大家都喜欢走捷径，我们的"大道"就要走相反的路径。大家都喜欢高胜率的策略，我们反而应该放弃高胜率的策略，选择高赔率的策略。

为什么要如此选择？在回答这个问题前，我们先解决另一个问题：我们怎么捕捉趋势性大行情？

答案是：试错。

试错不需要预测，但需要你付出代价。什么代价？如前论述，就是低胜率，可能要经常止损。

趋势交易者想要捕获一次大趋势性行情，难免要经历几次止损和利润回吐。面对可能的趋势性大行情，趋势交易者要么止损出局，要么平本出局，要么大赚出局。

战术型交易者把胜率放在第一位，为了提高交易策略的胜率绞尽脑汁，最终却被市场的无序击败。

战略型交易者看起来很笨、很慢，在出现大行情前经常止损，但一旦抓到一波趋势性大行情，收获将非常丰厚。

因此，我们要做战略型投资者，做大趋势的交易，这是散户在股市的正途。

07
为什么交易高手不注重技术

> 横看成岭侧成峰,远近高低各不同。
>
> ——苏轼《题西林壁》

对于股票市场的技术指标,不同的人有不同的态度。有的交易者认为技术指标很重要;有的交易者认为技术指标不重要,特别是一些交易高手;还有的交易者极力反对使用技术指标。

我不排斥技术指标,其实散户学习炒股大多是从学习技术指标开始的,但是技术指标确实局限性很大。很多长期稳定盈利的交易高手不重视技术指标,他们甚至认为技术指标毫无意义。

实际上,技术指标具有后视性,交易者用技术指标复盘发现技术指标非常有效,是因为交易者选择性地只看自己想看到的,忽视了自己不想看到的。

事实上,技术指标在实战中并不尽如人意。盘中股价变幻莫测,技术指标在盘中多次出现交易信号又消失,会让你感觉无所适从。

更重要的是,技术指标是股价按照某种逻辑计算出来的,只反映股价的一个侧面,而非全貌,且每一个技术指标的侧重点都不同。因此,指标之间经常是矛盾的,会给交易者的决策造成困扰。

技术指标可以量化买卖,确实使分析更便利,但是如果依赖某一个技术指标去分析行情，会让你的眼界变窄，让你的决策被束缚。就像你戴着红色眼镜看世界，会发现这个世界都是红色的。

给你带来便利的东西，最终都会束缚你。交易者必须破除对技术指标的执念。

对技术指标过分执着的，一定是在乎胜率的交易者，60%的胜率都无法满足他们的胃口，他们必然会因为过度追求高胜率陷入死胡同。在一个不确定的市场中寻求绝对确定性的交易者，就像刻舟求剑的那个人，虽然他刻在船上的记号是确定的，却忘了船是移动的。

我一个做交易的朋友幡然醒悟之后说："我曾经为躲避亏损想了很多办法，我以为我在解决问题，其实我在增加问题。有些问题必须去面对，躲避只会增加问题。"

我们要尽可能减少技术指标对我们的干扰，须知，每增加一个技术指标就是增加一份求胜的欲望，而想要客观地看待市场，就必须放弃欲望，放弃欲望就是放弃那些飘忽不定的技术指标。事实上，分析市场有一两个简单指标就可以了，至于交易，我们还需要回归股价本身。

所谓交易高手，就是能够放下自身欲望，客观地看待市场的涨跌，对自己诚实，对市场诚实的人。

交易悟道的过程就是"为学日益、为道日损"的过程。对技术指标，我们要学着并扔着，当你最终发现一切指标都没有用的时候，你就是成熟的交易者了。

08
做股市中的少数派

举世皆浊我独清,众人皆醉我独醒,是以见放。

——屈原《渔父》

很多时候,一个交易品种如果没有大资金介入,价格会如一潭死水,一旦有主力参与,就能掀起一场惊涛骇浪。

就股票来说,在单边上涨行情下,大家都赚钱;在单边下跌行情下,没有逃顶的人都亏钱。但是商品期货的单边大趋势行情就不是这样了,因为有人做多就有人做空,往往逼仓的超级大行情都源于对对手盘的"屠杀"。

不论是哪种,单边大行情都是资本大鳄收割众多散户的盛宴。基于此,我们想想看,市场什么时候会产生单边大行情呢?去看看海底世界,当众多小鱼小虾行动一致,向着同一个方向游动的时候,大鲸鱼在反方向上等待,只要张开血盆大口,食物就会自动进入它口中。

同样的道理,大行情的方向一定是和大多数人的判断相反的。

可以这么说,你如果是市场输家,唯一不缺的就是同伴。你一定是"羊群效应"中那群羊中的一只。因此,市场赢家一定是与众多散户选择相反的少数人。

如果你和大多数散户共情,那么你的情绪与行为也会被他们影响，进而变成"乌合之众"中的一员。对交易者而言，保持独立思考的能力难能可贵，因为这不但需要认知，更需要勇气。

根据真实事件改编的电影《大空头》就讲述了几个投资者逆市场而行，最终大幅盈利的故事。当时，几乎没有人相信美国房地产市场会崩盘，因为房价持续上涨，相关衍生品也涨势良好，不断创出新高，就连美联储、美国财政部都看好经济前景，但这一切完全不影响市场崩盘。

因此，当绝大多数人对市场极度乐观的时候，你一定要小心，至少你不可以再加入多头阵营，否则你大概率会被"收割"。

当然，若你能够保持"众人皆醉我独醒"的状态，虽然会显得格格不入，但至少可以保证你不会亏损。

09
确保任何误判都不能让你"伤筋动骨"

凡事豫(预)则立,不豫(预)则废。

——《礼记·中庸》

在资本市场,赢家和输家最大的差距是思维方式的差距。赢家考虑的是明天出门要不要带伞,输家考虑的是明天下不下雨。

明天下不下雨,就算是气象专家也没有办法准确预测,何况我们呢?"晴带雨伞,饱带干粮。"老祖宗的经验告诉我们:做事需要未雨绸缪,下不下雨都要带伞。

面对资本市场的变化无常,我们必须时刻保持警惕,因为市场总是会在我们感觉良好的时候来个晴天霹雳,打得我们措手不及。

交易者的底线思维是什么?保命比赚钱重要。要确保任何一次错误的判断都不能让我们"伤筋动骨"。

这里我要引入交易破产率的概念。所谓破产率是指账户资金耗尽,无法再继续交易的概率。交易的破产率是由胜率、盈亏比和每次资金投入比例决定的。如每次投入资金比例是10%,就是把账户资金拆成10份,每次只投入1份进行交易,通过电脑计算可以得到相应的破产率(见表3.1)。

表 3.1 交易破产率

胜率	100%资金投入（1份）报酬率（盈亏比）			1/3资金投入（3份）报酬率（盈亏比）			20%资金投入（5份）报酬率（盈亏比）			10%资金投入（10份）报酬率（盈亏比）		
	1:1	2:1	3:1	1:1	2:1	3:1	1:1	2:1	3:1	1:1	2:1	3:1
30%	100%	100%	88.10%	100%	100%	68%	100%	100%	52.60%	100%	100%	27.70%
35%	100%	95.10%	77.80%	100%	86.20%	47.40%	100%	77.90%	28.70%	100%	60.80%	8.20%
40%	100%	82.50%	69.10%	100%	55.90%	33.20%	100%	37.60%	15.90%	100%	14.30%	2.50%
45%	100%	74.40%	61.50%	100%	36.40%	23%	100%	18.30%	8.70%	100%	3.30%	0.80%
50%	99.80%	61.80%	54.10%	99%	23.60%	16.10%	99%	9%	4.70%	99%	0.80%	0.20%
55%	81.90%	53.40%	47.80%	55.10%	15.10%	11%	36.80%	4.40%	2.50%	13.20%	0.20%	0.10%
60%	66.70%	45.70%	41.90%	29.70%	9.50%	7.20%	13%	2%	1.30%	1.70%	0	0
65%	53.70%	38.80%	36.30%	15.50%	5.80%	4.70%	4.60%	0.80%	0.60%	0.20%	0	0
70%	43%	32.20%	30.60%	7.90%	3.50%	2.90%	1.50%	0.40%	0.30%	0	0	0

交易破产概率的基本规律如下：

第一，单次资金投入比例越低，破产率越低。

第二，盈亏比越高，破产率越低。

第三，胜率越高，破产率越低。

实际上，想要持续盈利需要做好正向预期和资金管理。

我们知道，正数学期望公式可以表述为：盈利=胜率×平均收益-败率×平均亏损>0。

由此，盈利公式可以转变为：胜率×（赔率+1）>1。更严格一点，可以简化为：胜率×赔率>1。

当胜率×（赔率+1）>1时，交易系统就是正向预期；当胜率×（赔率+1）<1时，交易系统就是负向预期。

比如，如果某个趋势交易法的胜率为30%，盈亏比为3：1，那么正向预期就是30%×（3+1）=1.2>1，显然这是一个能够盈利的策略。

如果某个震荡策略的胜率为50%，盈亏比为2：1，那么50%×（2+1）=1.5>1，显然这也是一个能够盈利的策略。

正向期望系统结合资金管理，就可以令破产概率无限接近于0。比如，在投入资金为10%的情况下，60%的胜率配合2倍以上赔率，就没有破产的可能；而70%的胜率配合1倍的赔率也必然赚钱。

对于趋势交易者而言，40%的胜率很正常，那么在投入资金为10%，3倍赔率时，破产率是2.5%。因此，趋势交易的赔率越高，账户越安全，赔率起码在3倍以上才行。

确保任何一次误判都不能让你"伤筋动骨"，是职业交易者的底线思维。

10
交易赚什么类型的钱更容易

问渠那得清如许？为有源头活水来。

——朱熹《观书有感·其一》

做交易是为了赚钱，这一点毋庸置疑。但是，我们是否想过，我们到底赚的是谁的钱呢？在零和博弈的竞局中，我们赚的钱一定是对手亏的。

不可否认的是，赚对手的钱，是一件比较困难的事情，因为没有谁是傻瓜，没有谁永远亏钱，你用一种方法赚钱了，对方也会通过升级交易策略来反制你。如果市场只剩下几个主力博弈，那场面将更加血腥。

赚这种钱，就像是刀口舔血，大部分人都会面临"出来混，早晚要还"的结局。

存量博弈如养蛊。《诸病源候论·蛊毒候》里记载："多取虫蛇之类，以器皿盛贮，任其自相啖食，唯有一物独在者，即谓之为蛊，便能变惑，随逐酒食，为人患祸。"

把各种毒虫毒蛇放在器皿里，让它们互相蚕食，最终只剩下一只活着的，即"蛊"。它能附着到酒食之中而不被察觉，可以用来祸害人。

存量博弈，最终能存活下来的交易者少之又少。因此，我们更需源头活水，即增量资金。

在股票市场中，股价在一定程度上是公司价值的体现。公司业绩稳定且持续增长带来的是公司价值的提升预期，进而促使股价上涨。比如贵州茅台，自2001年上市以来，累计上涨超过3万倍，主要原因是公司的盈利在不停增长。

这种基于公司业绩的投资方式是价值投资。价值投资赚的是企业成长的钱，属于增量博弈，因此受到大资金的推崇。价值投资是投资者的最终归宿。

还有一种增量博弈，赚的是央行量化宽松的钱。虽然量化宽松政策对所有人一视同仁，但是人们获利的多寡却并不一样。这就像天上下雨，有的人用水桶接，有的人用盆接，有的人用碗接，结果自然是不同的。

由此可见，三种赚钱模式，最简单的是赚央行量化宽松政策的钱，其次是赚公司业绩持续增长的钱，最后才是赚存量博弈的钱。

然而，央行量化宽松政策可能很多年才有一次，而公司业绩增长也需要足够的时间，只有短线存量博弈的机会时刻都有。这让大多数散户加入了急功近利的存量博弈，期待比对手更聪明，速度比对手更快。这也是存量博弈真正的难点所在。

11
交易如学武,静气中孕育杀气

> 是故有道之君,其处也若无知,其应物也若偶之。静因之道也。
>
> ——《管子·心术上》

我有个朋友对交易很感兴趣,经常找我交流交易方法。我把我的交易方法告诉他,让他直接使用。他对我的方法很认可,而且说得头头是道,但一应用于实盘就出现问题。其实这种情况,我以前也出现过。

早年,我跟一位老师学习了很长时间交易,自信满满,但实盘操作始终亏损。在学习的时候,一招一式我都心领神会,但交易结果却令人失望。我百思不得其解,为什么付出那么多精力,还是亏损呢?后来我偶然认识了一位武术老师,与其交流一番后,我恍然大悟。

他告诉我,练武术有句谚语:"练武不练功,到老一场空。"这个"武"是指武术有形的招式,只要勤学苦练不需要很长时间就可以掌握。但是千万不要觉得练好"武"就离武林高手不远了,决定你层次的是看不见的"功",即内功,那可不是一朝一夕能练好的。

很多人学习了不少招式,但一到实战中就成了"王八拳",为什么呢?这与人的本能有关,人的本能是防御和抵抗,临战的危险会自动激发人的防御机制，于是就出现了毫无章法的格挡防御与胡乱进攻，这就是原因所在。

听完他的话，我瞬间通透。这不是和交易一样吗？交易本身也是讲究套路和方法的，比如观察市场趋势，观察回调 K 线的企稳情况，然后择机介入。

然而，一旦股价盘中出现异常，这些套路马上就被我们抛到九霄云外了，完全会被市场带着走。这不就是在打"王八拳"吗？

我问这位武术老师，如何避免"王八拳"的情况呢？

他告诉我，人的本能是很难改变的。能打出"王八拳"，是因为习武者虽练功多年，内功却丝毫没有提升。一个人的内功是需要时间修炼的。练习武术，最终比的是一招一式中蕴含的内功，这是一种静气所带的杀气。

练功夫需要"修静"，你去看看那些扎马步扎得好的，武术功底都不差。当你足够安静，你的生理自动反应机制就会关闭，你就能够做到见招拆招，焉有不胜之理？

这位武术老师和我讲的这一番话，对我影响很大，可以说，他是我做交易的引路人。

一个交易者，平时的基本功扎实不扎实，就体现在临盘的一瞬间，而这临盘的一瞬间决定了交易成绩，"台上十分钟，台下十年功"，讲的就是这个道理。

临盘的时间过于短暂，爆发力势必要非常强大。这个爆发力来自哪里？这就需要我们简化操作模式，聚焦交易信号，"每逢操作有静气"。

总之，如果能够保持静气，把平时练习的交易套路充分发挥出来，交易很大概率是可以赚钱的。之所以不赚钱，对于很多交易老手来说，不是技术问题，而是不够专一、不够静心。

12
交易,保守者赢,乐观者败

勇于敢者则杀,勇于不敢者则活。

——老子《道德经》

张良、萧何、韩信这三位汉朝的开国功臣被称为"汉初三杰"。冲锋在前的是韩信,出谋划策的是张良,负责管理的是萧何。

类比一下,那些勇于创新的企业家是韩信式的开拓者;那些咨询师、培训师与分析师是张良式的建言者;而交易者这个角色更像萧何,提供发展资本,管理各类风险。

我们知道,资本市场的存在价值是为实体企业服务。不管是股票市场还是期货市场,核心功能都是给实体企业提供资金支持和风险管控。

在股票市场,需要资金支持的公司通过IPO募集资金,支持企业发展,而发展的不确定性风险由所有股东共担。

在期货市场,涉及大宗商品生产的公司通过套期保值工具对冲风险,让公司得以正常运转,商品涨跌的不确定性风险由对手盘承担。

资本市场犹如一块"风险吸铁石",把实体企业的全部风险都吸纳过来了。

交易者是管理风险的"市场分拣员",他们的工作职责就是将具有潜在价值的公司挑出来。因此,交易者一定要明白:交易者的工作是挖掘价值。

交易者的工作职责决定了他们不是韩信式的创新者与进取者，而是萧何式的保守者与防范者。

曾有人问李嘉诚为什么可以这么成功，李嘉诚说了两个字：保守。事实上，开拓性工作，需要大无畏的乐观主义精神；而防范性工作，需要的却是保守主义精神。

正如老子所言，"勇于敢者则杀，勇于不敢者则活"。从这个角度来说，对交易者而言，保守者赢，乐观者败。

因此，你若想成为一名成功的交易者，你崇拜的对象既不能是韩信，也不能是张良。成功的交易者首先是一个保守主义者，而且必须把这种保守精神注入自身的血液中。宁可错过，不可做错。

乐观主义可以创造奇迹，但是保守主义需要的不是奇迹，而是稳健。那些保守的交易者比学会所有绝招的聪明交易者在市场上存活的时间更久。

盲目乐观的交易者，会在不经意之间犯两个错误，即预测性介入和重仓交易。他们普遍认为事在人为，而这也正是他们的底气，于是他们很容易走上预测行情并乐观地进行重仓押注的不归路。就算运气好，他们押中了一次机会，获得了百倍收益，但这种做法，也必然是九死一生。

反观保守的交易者，他们经常错过机会，但也躲避了风险。他们深深地懂得，在资本市场，真正的机会是很稀缺的，不参与交易也是一个不错的选择。毕竟，随意入场，大概率遇到的不是机会，而是陷阱。

保守主义者双眼紧盯风险，耐心等待机会，一旦遇到风险可控的机会，就轻仓试错，亏损止损，盈利加码。如此，久之必赢。

13
交易能力和个人性格有关

> 生物体是基因创造的生存机器。生命短暂,基因不朽。
>
> —— 理查德·道金斯

我有一个表弟,没有读过大学,但人很聪明,前几年赚了不少钱。后来有机会和他共事,我发现他身上有很多优点,比如有担当、做事果断、眼光长远、不斤斤计较等。

有一次吃饭,他和我说他的很多收益来自股市,我听了很吃惊。我问他,收益稳定吗?他打开了自己的股票账户,我一看,确实收益非常可观。

我问他是怎么赚到钱的,他说主要做突破,哪个股票涨得好,他就跟哪个。赚了,他不贪心;跌了,他第二天就卖掉;如果股票三天不涨,他也会卖掉。

其实我知道,让他赚钱的并不是他的方法,而是他的性格特征。

可以说,性格会深刻影响一个人的行为。情感过分丰富的人总是容易受伤。在资本市场驰骋的成熟交易者大多是冷血的,那些情感丰富、喜欢胡思乱想的人基本上没办法在市场生存,即使学会很厉害的技术也没太大用处。

那些感情淡漠的人通常无法与他人共情,在生活中很难和别人建立亲密关系,这就是为什么很多优秀的交易者让人有距离感。

因为无法与他人共情,他们很难被市场情绪干扰,注定成不了"羊群效应"中的羊。他们可以在别人恐慌的时候心静如水,在别人激动的时候不为所动,这也许可以通过后天训练达到,但是对有的人来说就是与生俱来的。

这也就是说,我们做投资时不要总想着成为巴菲特。去了解一下生活中的巴菲特,他喜欢独处,喜欢安静,与他人没有共情能力,在生活中自理能力较差。

巴菲特的妻子苏西曾说:"即使有身体上的亲密接触,也不意味着他和你是一体的,所以我要学着有我自己的生活。大多数时候我们就是两条平行线,各自有自己的生活,只有当巴菲特开放连接时我们才会有连接。"

我们不得不承认,人是有天赋秉性的,你的性格或者技能,可能是别人学不来的。当你在一个方向上发力,总是达不到预期时,不要为难自己,不妨换个方向,也许就"柳暗花明"了。

14
如何看待量化 AI 炒股

> 人不能两次踏进同一条河流。
>
> ——赫拉克利特

用 AI（人工智能）炒股靠谱吗？我的观点是，AI 是很好的量化辅助工具，AI 交易是市场波动的催化剂，能够增强市场流动性，加速市场短期无序波动，但对趋势交易与价值投资影响不大。

即便如此，我们也要防止量化交易机构利用制度漏洞对散户造成降维打击。为什么呢？这就像战争一样，冷兵器时期，大家拼的是刀枪，胜负在人；冷热兵器代差期，胜负在器，但是这个时期很短，进入热兵器时期后，胜负依旧在人。

资本市场还有不同之处，即非理性。什么意思呢？用牛顿的话说："我可以丈量物体的运动，却无法测量人类的愚蠢。"

如果股票的估值或者市场的供求可以被精确的数学模型所捕获，那么资本市场就是一潭死水了，何况全面掌握信息与及时反应，AI 也做不到。

在制度健全的市场中，交易是一场博弈，博弈就是对方会预判你的预判，你也会预判对方的预判。如果你把对方的预判当作函数的自变量，那么结论依旧是不确定的。

AI 的作用是什么？我认为 AI 的作用体现在对数据的捕捉和

建模处理、对局部形态"弱规律"的把握并快速反应、对可量化的一致性执行上,但AI绝不是交易的"圣杯"。

当你发现几只牛股存在类似的技术形态,并基于这个形态找到新的股票时,你认为它一定是下一只牛股吗?事实上,不确定,我们只能说它有一定概率成为牛股,因为有相似形态却没有成为牛股的股票太多了。

世界上没有完全相同的两片叶子,股票市场也没有两只技术形态一模一样的牛股,因为存在概率和博弈。这两个不确定性因素决定了AI炒股不会百战百胜。

万变不离其宗,投机是一种博弈,你能赚钱是因为你战胜了对手;而投资是一种预期,你赚的钱基于你的认知与想象力。

无论是博弈还是预期都是动态的,因此AI炒股更适合高频短线交易,在中长线交易上存在局限性。

那么,在什么情况下量化交易会对市场造成巨大冲击呢?我觉得是在市场有制度漏洞与工具代差的情况下,这时市场不再是公平博弈,而是某种大资金对散户的单边屠杀。比如相对欧美股市,A股在制度上不是很健全,这给了具有规模优势、速度优势和融券资源的量化资金可乘之机。

我们知道,A股采用的是T+1的股票交易制度,虽有融券业务,但散户基本上没有这个权限,而量化资金可以通过当天买入股票,拉抬股价后,当天融券卖出,间接实现了T+0,这就形成了对散户甚至游资的降维打击。

不光如此,很多人对量化交易的认知还停留在计算机选股、条件选股、计算机下单等层面。实际上,目前的AI已经通过学习形成了自主策略,可以更快下单,甚至插队抢单,使交易更加不公平。

比如，量化资金买入 100 万股股票 A，然后尾盘突然将该股票拉升 8%以上甚至拉涨停，同时融券 100 万股卖出。第二天早盘 A 股票大幅上涨，量化资金再反手卖出 100 万股，把股价打下来，一买一卖赚十几个点，然后低价买回 100 万股还给券商，完成正股与融券的双收割。

因此，对大多数交易者而言，最好的应对之策就是远离短线交易，把交易周期拉长。长期来看，AI 只是市场上的一种交易方式，并不能左右趋势的合力方向。

当你的交易持仓周期足够长时，这种量化高频策略是无法伤害你的，反而可以为你提供交易的流动性。

15
犯错的时候要最小化损失

> 昔之善战者，先为不可胜，以待敌之可胜。不可胜在己，可胜在敌。
>
> ——《孙子兵法》

常言道，失败是成功之母。没人可以随随便便成功，都是在失败中摸爬滚打拼出来的，失败造就成功是不容否认的。

不过，也有人说，成功才是成功之母，因为小成功才能带来大成功的可能性，不然连机会都没有。诚然，这种说法也是有道理的，但不现实，因为我们的思维和认知与客观的环境并不是一致的。

我们对客观世界的评价是带有强烈主观色彩的。如果一直活在舒服的温室中，根本没有办法体会外面的寒风凛冽。但世界总是一体两面的，有温暖，自然就有寒冷；有阳光，自然就有黑暗。如果你在阳光下待太久，自然会对黑暗无所适从。

因此，我们做事情离开自己的舒适区，就会感到不舒服。除非我们重新把非舒适区变成舒适区。

失败才是生活的真相。失败是探索未知世界的伴生品，我们必须勇于承担失败。但人也不能总是失败，否则信心必然遭受打击，更重要的是，总是失败的原因大概率是"好了伤疤忘了疼"，总是在一个地方摔倒，那失败就没有任何价值了。正确的通关策略是这样的：集中火力把第一关过了，再去打第二关，之后再去打第三关……

《道德经》中说："九层之台，起于累土；千里之行，始于足下。"先有小的成功积累，才可能有大的成功。从这个角度来说，大成功离不开小成功。因此，我们可以说，成功是成功之父。母亲的作用是孕育生命，父亲的作用是呵护生命成长。

交易是一种风险极高的行为，我们可能要犯很多错并改正之后，才能真正获得成长。

利弗莫尔在《股票大作手回忆录》中说："承认错误，比研究自己的成功，能让我们获得更多的好处。当你回忆起自己犯的某个错误，咂摸一下滋味，你就不想再灌一壶苦汤。但所有人在犯错后总想免受惩罚，这是人的自然冲动。"

但是，就算我们认识到了自己的错误，想要避免下次再犯也并不容易。错误不是一个，而是一族，而且这个家族很庞大，所以当你想试试看自己到底会犯什么错误时，总有一个错误等着你犯，让你猝不及防。

犯错是必然的，这点需要所有交易者正视。不要害怕失败，交易本就是一场有输有赢的游戏，在这场游戏中，比的不是不犯错，而是在犯错的时候少损失。

为了降低犯错频率，我们要尽量回避"垃圾行情"，这甚至比抓住趋势行情还重要。因为市场80%的时间都是垃圾行情，若你频繁进出、频繁止损，不仅消耗体力，还消耗心力，当行情来的时候，你反而畏首畏尾了。

记住，降低犯错成本比追求正确更加重要。聪明的交易者不是不犯错，而是尽量避免犯相同的错，并且在犯错的时候把损失降到最小。

你不需要战胜对手，你只需要降低犯错成本。

16
能人所不能，忍人所不忍

> 凡人言语正到快意时，便截然能忍默得；意气正到发扬时，便翕然能收敛得；愤怒嗜欲正到腾沸时，便廓然能消化得；此非天下之大勇者不能也。
>
> ——王阳明

如果说短线交易者盈利靠的是对价格波动的快速反应，那么趋势交易者盈利靠的就是对趋势追踪的持久耐心。没有耐心，趋势交易者将毫无优势。

如果你所从事的职业是竞技性的，那么你必须通过竞争胜出才能生存。不可否认，很多人的职业是非竞技性的，薪水上限较低，可替代性强，很难借此跨越阶层。

所以，我们可以不做投资，但是一定要有投资观念。我们在职业生涯的上半场靠劳动换取财富，在职业生涯的下半场靠认知换取财富。

一旦你踏入投资领域，就要思考一个问题：你凭什么赢？答案显而易见，你想要从这场投资竞局中胜出，你要做的就是能人所不能，忍人所不忍，为人所不为！

能人所不能

由詹姆斯·西蒙斯主理的大奖章基金靠复杂的数学模型来捕捉市场短线套利机会，从 1988 年 3 月成立到 1999 年 12 月获得

2478.6%的净回报率。詹姆斯·西蒙斯认为,交易"要像壁虎一样,平时趴在墙上一动不动,一旦蚊子出现,就迅速将其吃掉,然后恢复平静,等待下一个机会",这被称为"壁虎式投资法"。

显然,詹姆斯·西蒙斯的手法是通过短线预测市场波动来赚取收益,这得益于他的数学家身份。他利用自己独一无二的数学素养获得了成功。

忍人所不能忍

巴菲特靠长期持有优质股权来获得长期稳定的收益。比如,他持有可口可乐35年,获利18倍;持有美国运通30年,获利30倍;持有穆迪23年,获利40倍。

为人所不为

亚马逊创始人贝佐斯曾问巴菲特:"你的投资体系这么简单,别人怎么不做和你一样的事情?"巴菲特回答:"因为没有人愿意慢慢变富。"我相信大家都听过这句话,但是内心真正认同的寥寥无几。巴菲特的投资策略不过是"在能力圈范围内找有护城河与安全边际的公司"而已,但是慢慢变富这个心法才是成就他的不二法门。很多人说:"这个道理我懂,但我觉得人生苦短,只争朝夕。"于是他们亏损累累,落荒而逃。

国内投资人林园的投资风格接近巴菲特,他参加云南白药的股东大会时说:"我们这么多年跟着白药,分红早就把本钱分回来了……我记得是1994年还是1995年开始买,大家算一下,25年了,我要强调的是,25年来,我一股都没卖过。"

如果说"能人所不能"比的是天赋与智力,"忍人所不忍"比的是耐心与智慧,那么"为人所不为"比的就是德行与认知。如果你智商不够,德行不高,也缺乏耐心,那毫无疑问会失败。

　　交易者靠什么赢利呢？如果你智商超群，能够研发出高胜算的交易系统，你就去做"能人所不能"的高胜率交易者；如果你忍耐力强，能够做到纵使反复割肉，也能面不改色，抓住趋势更是"咬定青山不放松"，你就去做"忍人所不忍"的高赔率交易者。

17
做交易真正的困难是什么

你需要的是维持稳定的情绪以及独立思考的能力,根据事实和推理得出结论,不被别人的看法干扰。

——巴菲特

投资家巴菲特在一次采访时说:"从事投资不需要多高的智商。我常说,即使你智商160,在投资上也没用,还不如给别人30个点,你需要的是维持稳定的情绪以及独立思考的能力,根据事实和推理得出结论,不被别人的看法干扰。"

巴菲特的意思很明确,靠所谓的高智商没有办法战胜市场,而且市场也不需要我们战胜,就像没有哪个员工是靠战胜老板而领到工资的。

一个交易者用一套简单的交易方法,比如说依据20日均线做交易,线上做多,线下做空,再配合良好的止损和止盈策略及仓位管理,就完全可以进行交易了。但如果你不能坚守交易策略,或者想通过一套方法在市场的任何时期都获利,就会把交易变得很难。

实际上,正如《道德经》所言,"有之以为利,无之以为用"。决定交易者成败的,并不是那些看得见的东西,因为看得见的东西都是可以学习的。大家智商都差不多,没有什么技术是一直有效的。

一个交易者之所以能成功，知识与技巧大约只占20%；而那些看不见的东西，比如毅力、韧性、信念、勇气、能量等约占80%。

有意思的是，大家经常本末倒置，把80%的精力放到20%的知识和技巧上，而且为此争论不休：到底是技术指标有用还是财务指标有用？到底突破交易更好还是回调交易更好？诸如此类都是知识性问题。

不是说知识性问题不重要，而是在混沌的市场面前，凭此很难提高准确率。就像漫漫漆黑长夜，如果没有亮光，你是看不到市场全貌的，但是你只要利用好你的小小蜡烛，照亮你身边的区域就可以了。虽然我们懂得不多，但只要能守住自己的能力圈，在这个圈里，牛鬼蛇神都伤害不了我们，这就是真正的本事。但是能够长期坚守的有几人？寥寥无几。

减肥不过需要"管住嘴，迈开腿"，但是胖子就是做不到。交易也不过需要做到"顺势，轻仓，止损"，但是能做到的，100个交易者中不足10个！

这就是交易真正的困难所在：你全程都在和自己斗，而不是和市场斗。所谓成功不过就是战胜自己，仅此而已！

"凡事预则立，不预则废。"交易是一场关乎预案而非预测的博弈竞局。取胜的关键不在于预测市场的行为，而是将市场的任何行为都纳入你的预案中。

因此，降低交易难度的办法，就是提前做好囊括所有可能性的预案，包括最好的和最糟糕的情况，以及相应的对策，绝不能让超预案的"黑天鹅事件"发生。

第四章 为无为,事无事

01
风控是交易的天字第一号保障

微软离破产永远只有 18 个月。

——比尔·盖茨

做交易,你要做好两件事:一是照顾好你的本金;二是使用正确的交易模式。至于最终的盈亏,交给市场。

我们都知道,在高速公路上飙车是疯狂且危险的行为。同样,那些没有风控就满仓交易的行为也是疯狂且危险的,但是这种疯狂每天都在上演。那些看到上涨就满仓的交易者与在高速公路上把油门踩到底的司机没有区别。

相信我,出现大亏的交易者,一定是风险控制没做好,其根本原因是没有把风控和交易分开。

风控是风控,交易是交易,这是不同层面的事情,二者不存在重叠的地方。

你不要自信满满地觉得这笔交易能赚钱,就随意满仓而不设置止损,更不要止损之后当股价大涨时懊悔不已。前者是认知问题,后者是情绪问题,但不论是什么问题,归结起来都是把风控与交易混为一谈了。

风控的目的是生存,交易的目的是发展。一定要把这两个层面的事情想透。止损在账户赚钱时似乎多余,但它的存在就是为了防止你的账户出现难以挽回的损失。这点想明白了,你就会坚决拥抱止损，甚至爱上止损，而非憎恨止损了。

我在2014年就参与筹建了一家私募公司，当时我担任首席投资官。大家都知道2014年和2015年的"杠杆牛"有多疯狂，只要你有本钱就能赚钱，但是随后股市暴跌，凡是参与过的交易者都印象深刻。

当年我对资本市场的理解还没有达到现在的深度，对市场是心存幻想的，觉得那次牛市会如美国股市一样走牛几十年，是改变命运的大好机会。

最终的结果大家都知道，从2015年6月份开始，股市急转直下。幸好，我们公司成立之初就把风控部门独立出来，由总经理助理负责，最终我们虽然也是割肉离场，好在损失不大。

在此之前，我对风控部是有很多意见的，因为我们经常下完单之后就被告知止损了，然后股价大涨。我和风控部一度闹得非常不愉快，但正是这种不统一，才守住了公司生存的底线。

被市场磨砺到现在，我已能坦然接受止损。盈利多少只有天知道，但是亏损多少我可以决定。面对后来的长期熊市，我之所以没有亏钱，也是因为我足够重视风控，而非有什么预测能力。

所以，我经常告诫身边的朋友，风控和交易是两个维度，二者没有交集。买定离手，止损不悔。

02
交易心法的最高境界是顺其自然

只有顺从自然,才能驾驭自然。

——培根

我们应该都听说过"做交易要顺势而为"这句话。这确实是交易层面的至理名言,没有人可以或者敢于推翻它。

有人说,价值投资者不关心价格,所以不是顺势而为。持有这种观点的投资者有些狭隘了。我们说的"势",表面上确实是价格的运行趋势,但这只是有形的表面现象,其背后的无形本质才是真正的"势"。

对价值投资者而言,他们关注的是上市公司业绩增长的稳定性或爆发性的"势",以及财务增长延续性的"势"。比如贵州茅台,近10年来平均年净利润增长率超过17%,这个势是具有延续性的。如果哪一天贵州茅台净利润突然大幅下滑,可能预示着公司稳定高增长的"势"结束了。

至于技术趋势派,自不必说,没有趋势信号,连入场的理由都找不到。有人会反驳:"不对啊,你看,不是还有左侧交易吗?"实际上,只有价值投资派才进行左侧交易,趋势派永远是右侧交易。究其原因也很简单,趋势交易者关注的是价格本身,他们不太关注价格背后的基本面,因此,他们无法确切地知道基本面的变化对价格的影响究竟如何。他们无法在基本面驱动要素中找到趋势延续的依据，只能求助于价格本身，最终他们的依据只能是价格趋势的延续性。由此可见，顺势而为是所有市场参与者必须遵从的，没有例外。

那么，新的问题来了。我们要顺的这个"势"本身顺什么呢？答案是"自然"，即自然而然，就是势的自我属性，简称"自性"。

正如一个人由婴儿到少年再到成年，这个成长过程就是他的自身属性，也是他来到这个世界时携带的 DNA 决定的，这个属性是谁也无法改变的。

公司的成长也是如此。它也会经历从小公司到大公司的发展过程，至于能发展到多大规模，其实在公司成立初期就注定了，即赛道、市场、团队、文化、竞品等综合因素决定了公司到底能发展到什么程度。

我把这些人力无法改变的，甚至没办法计量的综合因素的推动力称为"势"的自然属性。由此，我得出结论：交易心法的最高境界就是顺其自然。

我们说，趋势是按时间序列展开的，必须一步一步地走出来，价格运动要有先后顺序，有了第一步，才有第二步，有了第二步，才有第三步，依此类推，来到第 N 步。突然，当价格不再前进的时候，趋势的自身属性就遭到了破坏。

我们做交易就是要顺其自然，在趋势转折点入场，在趋势延续时持有，在趋势坏掉时离场。如果趋势一直在，就一直持有；如果趋势坏掉了，就离场。按照交易心法，操作就是这么简单。

03
战胜市场随机性的三个法宝

> 我恒有三宝，持而宝之。一曰慈，二曰俭，三曰不敢为天下先。
>
> ——老子《道德经》

市场有一万种方法收割散户，而大部分散户的胆量与能力严重不匹配，艺不高却胆大，只想着与虎谋皮，但忘了老虎那病恹恹的样子完全是装的。

交易面临的最大难题是价格波动的不确定性，股价时而癫狂时而理性，让人摸不着头脑。对此，我们也不用去预测其走势，因为它都不知道自己下一步会怎么走。

我们之所以能赚钱，是因为市场给了我们机会，并不是因为我们发明了赚钱的机会。也就是说，我们不可能通过优化交易模型创造赚钱机会，更多的时间，我们是在等待机会。这是我在本书中一再强调的一点。

在资本市场，之所以只有少数人可以稳定盈利，就是因为市场的随机性。可以说，职业交易者一辈子都在和市场的随机性做斗争。

《道德经》中有言："盖闻善摄生者，陆行不遇兕虎，入军不被甲兵；兕无所投其角，虎无所用其爪，兵无所容其刃。夫何故？以其无死地。"

那么，弱小的我们如何生存呢？"豫兮若冬涉川"，小心谨慎，像冬天涉过江河，即使冰层很厚，你也得小心冰下有危险。对交易来说，最好的策略就是做好风控、谨慎行事、降低风险。

想要战胜市场的随机性，只有一个办法，那就是"以其无死地"，即不要让自己进入死亡地带。我想这是常识，但是我们都有好奇心，喜欢犯险，最终把自己弄得不得翻身。

仓位管理是重中之重！仓位越重，对入场精确度要求越高；仓位越轻，对入场精确度要求越低。可见，仓位管理在一定程度上能够战胜市场的随机性。

因此，做交易战胜市场随机性有三个法宝：一为空仓，二为轻仓，三为盈利加仓。

如果你喜欢空仓，大部分时间静静地等待，相信我，你已经战胜了70%以上的交易者；如果看到交易信号，你能控制自己的重仓欲望，先轻仓试错，那么你就不可能出现大的亏损；最后，如果你能在盈利后用利润去博取更多的收益，那么你就可以在不亏损的情况下，博取更多的收益了。

有朋友问，这么做，是否一定能赚钱呢？我的回答是，不一定，但至少你的本金是安全的。要知道，市场从来不缺机会，但是你缺本金，"留得青山在，不怕没柴烧"说的就是这个道理。

巴菲特投资有三条原则：第一条，不要亏损本金；第二条，不要亏损本金；第三条，记住前面两条。巴菲特的这句话是老生常谈，但越是如此，我们就越要时刻谨记、好好体会。相信我，在不同的阶段，你会有不同的体悟。

我记得十几年前，我的老师就是这样跟我讲的。但是那个时候，我根本没办法体会，尤其是遇到赚到的利润回吐，最终止损出场，那种扫兴是无法形容的，甚至开始怀疑老师的方法是不是失灵了。

在市场摸爬滚打十几年后，我深刻体会到，没有什么比保本更重要，因为我们无法改变市场的随机性，只能做好仓位管理。

做交易要"为而不争"，能赚多少钱，我们无法预先知道，因为市场要是不给你机会，你就没有机会，只能等。

04
交易赢家与交易输家的本质区别

顺成人，逆成仙，玄妙就在颠倒颠。

——三丰真人

一个朋友问我："你觉得交易赢家与交易输家的本质区别是什么？"我毫不犹豫地回答："能否正确处理交易中的'顺与逆'。"

"顺与逆"，顾名思义，"顺"就是顺应市场，顺应那个相对稳定的势。这个势，可以是价格的趋势，也可以是价格背后供求失衡的势，当然，更可以是股价所代表的公司本身发展势头的势。

亚马逊创始人贝索斯在一次演讲中提到："人们经常问我未来10年会发生什么变化，但几乎没有人问我未来10年什么是不变的。我认为，这才是更重要的问题。"

所有商业行为都必须找到那个不变或者不易变的根本。《道德经》有言："夫物芸芸，各复归其根。归根曰静，是谓复命。复命曰常，知常曰明。"

找到事情的根，你就会明白应该如何做事情了——顺着这个不变或者相对不变的根本属性做事情。

但是这并非易事，因为我们需要足够的智慧去领悟这看不见的根本属性。我们总是基于自己的立场、主观认知、情绪等想当然地看待事物，这就是偏见的根源所在。

想要消除这种偏见,我们必须放下自我,追求无我,学会逆自己的人性行事。古话说,"顺成人,逆成仙",意思就是,如果你顺着自己的人性和欲望做事,你就是个普通人,如果你逆着自己的人性,颠倒过来看待事物,你就会成为看透本质的仙人。你能否在市场底部绝大多数人恐慌的时候保持乐观,在市场顶部绝大多数人疯狂的时候保持清醒呢?这看起来似乎是一件非常简单的事情,实际上,凡是经历过一轮牛熊市的交易者都知道,身处其中多是不自知的,正如苏轼的诗句所言:"不识庐山真面目,只缘身在此山中。"

成功的交易者与失败的交易者的最大区别,就是能否正确处理"顺与逆"的关系。成功的交易者都是"逆人性、顺市场"的。你一定要学会逆人性,在这个基础上静观市场相对不变的根本属性,找到小趋势,就赚小趋势的钱,跟上大趋势,就赚大趋势的钱。

但是,我们都是普通人,不经过刻意练习与自我觉察,基本上会做反,即"顺人性、逆市场"。我们会在大家疯狂的时候一起疯狂,在大家恐慌的时候一起恐慌,焉能不败?

交易的可悲之处也就在这里,我们总是难以战胜人性,难以完全看懂市场趋势。很多交易者之所以失败,并不是败在水平和技能上,而是败在人性的弱点上。

05
须在易变中找到不易变的趋势

真正大的趋势不会在一天或一个星期就结束,它走完自身的逻辑过程需要时间。

——杰西·利弗莫尔

"知人者智,自知者明。"在资本市场生存,必须有清晰的自我定位,明确知道自己赚的是哪类行情的钱。

自我定位清晰的好处是知道什么行情属于自己,只有明确了自身的能力边界,在操作上才有分寸感,才能获得掌控感。

投资者和投机者最大的区别是:投资者坚守的是企业基本面的趋势,投机者坚守的是价格本身的趋势。

基本面因素短期内不会有大的改变,因此投资者以长线交易著称;而价格的趋势很容易因为资金偏好而改变,因此投机者以中短线交易闻名。

有意思的是,资本市场是存在鄙视链的。投资者经常鄙视投机者,认为投机是一种"有奶就是娘"的趋利避害行为;而投机者也不甚认可投资者,认为投资者过于痴迷企业本身,忽视了价格本身的相对独立性。

这就好像春天刚开始时有人穿羽绒服,有人穿短袖,且彼此都认为对方是傻瓜。实际上,大家在资本市场求生存、求发展,各有各的道,但是这个道一定是寻找相对确定性。

敢于对股票价格进行预测的，一定是关注企业价值的投资者，因为基本面有其领先于市场价格的相对确定性的一面。

比如，货币政策宽松会带来资产价格的上涨，货币政策紧缩会带来资产价格的下跌；企业业绩好会促进股价上涨，企业业绩不好会引发股价下跌；库存高企造成生产停滞，库存见底带来生产繁荣。只是，基本面的变化是需要时间传导到资本市场的。

因此，投资者的分析视角决定了他们对市场价格拥有一定的预测能力，而且其掌握的信息越多，分析能力越强，确定性越大。

投资者总是在寻找被低估或被错杀的资产，他们的交易属于"雪中送炭"，通过"慧眼识珠"找到有潜力的被打压者，点燃价格回归的"星星之火"。

但是要形成"燎原之势"，光靠投资者是不够的，这个时候，就需要投机者来"锦上添花"了。

对价格趋势敏感度高的肯定是投机者。但投机并不是一件容易的事情，相对于基本面的确定性，价格趋势本身是易变的，这种易变对投机者的心性是巨大的考验。

如何在易变中找到相对不变的东西，是考验投机者的难题。由于投机者只关注价格，所以不可能预测市场。这类似"猴子捞月"，你看到的就是水中月，如何通过这个影子去预测影子的动态呢？月亮才是因。

大多数投机者迷失在表象中，试图用各种指标去预测市场，这是本末倒置。可见，预测不应是投机者寻找的确定性。那么，投机者应在哪里寻找确定性呢？

我认为，投机者应寻找的确定性体现在两个方面：第一，趋势的延续性带来的高赔率；第二，价格之惯性带来的高胜率。说到底，投机者的成功建立在概率学的数学正期望值上。

短线投机者利用价格波动做交易，为市场提供流动性；波段交易者利用趋势做交易，是市场助涨助跌的催化剂。但无论是哪一种，都必须等势起。唯一的区别是势的延续性。

对于趋势交易者而言，最应该忠诚的不是哪个市场，也不是哪个品种，而是趋势本身。哪里有趋势，你就应该在哪里。

06
试错，大巧若拙的交易手法

> 大音希声，大象无形。大成若缺，大巧若拙。
>
> ——老子《道德经》

一个朋友跟我说，他认识一个投资高手，收益很不错，却不懂技术，甚至连基本面也只是懂一点皮毛，准确率也很低，但是并不影响赚钱。朋友问我，这位投资高手靠谱吗？

我跟他说，当然。交易是以实践为中心的，很多悟性好的交易者就是在实践中逐步领悟一些定式与方法的，但是他们未必能说得很清楚，好比你会骑自行车却未必知道自行车能稳稳行驶的原理。

我认为，交易在理论上其实没有秘密可言，不过是寻求胜率与赔率的匹配而已。这位投资高手是一个有耐力的实战派，即赔率型选手。他不懂技术，说明他的成功不在胜率上，如果想要盈利，那他肯定是在赔率上有极大优势。

从理论上来说，你用什么投资手法其实一点也不重要，因为那些都是表象，其本质在于是否满足"胜率×（赔率+1）>1"，或更简单一点，胜率×赔率>1。如果满足，就可以实现长期盈利。

也就是说，如果这个人的赔率是10，那么他的胜率就算只有20%都可以实现盈利。想想看，这么令人发指的低胜率还需要什么技术呢？这种极高赔率的交易手法就是"大巧若拙"的试错型策略。通过简单的突破试错来捕捉趋势，确实不需要懂什么高深莫测的技术。

所以，我一直认为，做好交易真的不一定需要高智商。采用赔率型的交易模式，只要你心性坚定就可以了，就是不停地试错，小止损、大止盈，不需要眼花缭乱的招式。但是，很多人追求短线暴利，拼命在胜率上下功夫，研究了很多预测价格走势的技术和方法，最终却迷失在人工制造的迷宫中。

交易化繁为简的过程其实就是一个风格转换的过程，也是一个认知升维的过程。所谓化繁为简，就是从胜率型选手转变为赔率型选手。

交易者本身就是市场的一部分，所有交易者行为的总和构成了市场，譬如你的四肢构成了你，你的手应该不会想要战胜你的身体。

但是，很多执迷不悟的交易者却天天想着战胜市场，这是不可取的。有朋友说："不对，你看大盘上涨了 5%，而我赚了 30%，你凭什么说我没有战胜市场呢？"

我的回答是："你依旧没有战胜市场，你战胜的只是指数而已。指数是人编制的，它反映市场平均状态，并不能代表市场本身。"简单来说，战胜指数不等于战胜市场，只能说明你买入的个股好于平均水平，但这还是市场给的机会。

因此，交易者仅仅是市场机会的挖掘者。想明白这点，你就不会试图去战胜市场，也不会执着于非要创建一套高胜算的交易策略了。

当你不再刻意关注胜率，你就可以做到"摘叶为刀"。刀并不重要，刀法也不重要，重要的是持刀人的思想。这就是金庸笔下的"大巧不工，重剑无锋"。

07
投资是一场"为无为"的机会等待

> 无为而无不为。取天下常以无事,及其有事,不足以取天下。
>
> ——老子《道德经》

吸引力法则有一个悖论,即"你必须释放一种没有欲望的欲望。你必须处于一种不想得到的得到。你必须处于一种漫不经心的刻意,最后一无所求地得到"。

这种思想与《道德经》中的"无为而无不为"不谋而合。很多人对"无为"思想是有误解的,觉得无为就是什么都不做,这么理解完全偏离了道家思想,老子的真正主张是"为无为"。"无为"是一种行事准则,即不违法道的自然运作。在这个"无为"的基础上去行动,就是"为无为"了。如果你强行做事,就会违背道的运行,进而导致失败。因此,道家讲究"为而不争"。交易高手都是"为而不争"的。你如果想得到,就必须克制自己的欲望,如若不然,你就会不停地寻找市场机会,甚至错把陷阱当成机会。

有为的前提一定是不得已而为之,即让机会出现,而不是我们去刻意找寻、刻意制造。正如投资家吉姆·罗杰斯所言:"我只管等,直到有钱躺在墙角,我所要做的就是走过去,把它捡起来。"

投资就是等待机会,这句话值得我们反复体会。等待就是"为无为",没有机会就不要强行交易,不要强求市场如你所愿。

如果你交易顺利,不用骄傲,那只是因为行情配合了你的策略;反之,如果行情不配合你的策略,你大概率赚不到钱。

一般来说,交易能力决定了亏损的下限,而市场行情决定了盈利的上限。一套交易系统在不同时期收益不同,也就是说,在特定行情下,收益率和交易能力没有必然关系。两个水平差不多的交易者,会因为适配的行情不同而盈利不同。从这个意义上讲,运气对一个交易者而言非常重要。

我们要做的,是把我们能控制的部分,用科学的手段控制好,而那些没办法控制的随机性部分,我们只能听天由命。幸运的是,机会总是会有的,只要你一直坐在牌桌上,总有机会拿到好牌。

我们控制住自己的欲望,才能"无所得"而得。

08
价格形成的逻辑链条

> 逻辑可以让你从 A 走到 B，想象力可以让你走到任何地方。
> ——爱因斯坦

请思考一个问题：当你看到投影的画面，你想改变这个画面，你应该如何做？我想没有一个人的答案是直接改变投影画面，因为大家都知道，问题不在投影画面而在投影源上。同理，这也是价格不可预测的原因。

基于价格的技术分析是无法预测未来的。因为价格是投影画面，不是问题的根源。这就是很多人对技术指标嗤之以鼻的原因。因为它只是价格的影像，你没有办法通过影像去预测影像的走势。简而言之，技术分析能反映价格的状态，却无法预测未来。

如果你基于价格背后的资金流向、供求关系、业绩增长等因素进行分析，那么很大程度上你是可以预测价格的。因为这些因素都是价格的推动力。比如说，世界性干旱造成了农产品产量下降，那么农产品期货价格上涨基本上就是确定的。

不过，资本市场没有那么简单，因为在基本面和价格之间还有一个不确定因素——市场参与者的行为。基本面的情况需要通过市场参与者的行为传导到价格上。

对价格最直接的推动力是资金面，如果一只股票短期有大量资金介入，那么价格肯定是要大涨的。这些增量资金是股价上涨的直接推动力。

如果说技术指标的决定因素是价格，那么价格的决定因素就是资金。

对技术派来说，首先要寻找场外资金源源不断流入的市场。但这一点经常被大家忽视。如果去那些只有存量大玩家搏杀的市场交易，想想看，你是不是很容易就会成为大玩家的食物呢？

有增量资金流入的市场，说明有"赚钱效应"，赚钱效应的最明显特征就是市场的投资品"量价齐升"；而投资品量价齐升的原因是主流资金对投资品背后基本面情况的认可。

由此可见，投资品的基本面情况是其价格上涨的根本原因。不过，价格并不能完全有效反映基本面情况，因为人的情绪与认知是最大的不确定性。

以上就是价格形成的逻辑链条。普通散户在没有信息优势，甚至没有认知优势的情况下，应该去有赚钱效应和增量资金入场的市场交易。

09
交易者能力强弱取决于短板长度

> 一只木桶能盛多少水,并不取决于桶壁上最长的那块木板,而恰恰取决于桶壁上最短的那块木板。
>
> ——劳伦斯·彼得

交易是一个系统工程,你的交易业绩是由你的交易系统决定的,而交易系统的有效性是由其短板而非长板决定的,这是交易之所以很难的根本原因所在。

财富如水,交易者能承载多少财富,取决于其综合能力中最弱的那一项。也许你的赚钱能力很强,选股功底扎实,但如果风险控制能力太弱,可能一次失控就会满盘皆输。

市场是苛刻的老师,它要求你优秀而不仅仅是及格,并且是综合能力优秀。

你在找市场的漏洞,市场也在找你的不足,因此,你不能有特别短的短板。即使你的长板再长,如果短板不及格,也是承载不了多少财富的。

如果你赚不到钱,一定是"某块木板"出现了问题。做交易要有四块木板,分别是交易策略、交易信号、交易执行与自我控制。这四大块木板的综合作用,决定了交易者的交易业绩。

交易者对市场的认知决定其交易策略,交易策略捕捉交易信号,交易信号推动交易执行,而交易执行受制于人性的弱点。面对人性的弱点，人需要自我管理。

交易策略、交易信号我们谈论得比较多，唯独交易执行，没有太多的理论基础，容易被忽略。但是交易执行也是决定成败的关键因素之一。道理很简单，再好的蓝图，如果没有落地，都是一张废纸。

补齐交易执行这个短板，一方面需要交易信号简洁可执行，另一方面需要交易者自身提高交易修为，修正自身的弱点。如果你的交易信号是模棱两可的，那么执行难度将极大。我认为，交易系统发出的信号必须非黑即白，即在关键点入场之后，要么价格如预期大涨，要么止损出局。

当你把自己的交易系统简化到极致，甚至不用大脑分析时，一致性自然就有了。交易最忌讳的就是临时起意，边分析边交易，这样思维会被价格带偏。

总之，想要提高自己的交易能力，实现稳定盈利，你就不能只在某一方面下功夫，必须全方位复盘，反思自己的弱点。在弱点上下功夫所获得的好处，要远大于在强项上发力所获得的好处。

10
何谓真正见过世面的投资者

> 不出户,知天下;不窥牖,知天道。其出弥远者,其知弥鲜。
>
> ——老子《道德经》

什么样的人才算是真正见过世面的?我觉得并非去过很多地方、看过很多风景、读过很多书的人,而是"见自己,见众生,见天地"的人。

在投资方面有所成就之人,必然是见过世面的。这种世面并非赚了多少钱,更非亏了多少钱,而是是否真正悟透了市场,看懂了众生,见到了自己。

见天地,了悟市场运行之道

投资者需要悟透这个市场究竟是如何运作的。基本面情况传导到资金面,资金面助推技术面,技术面刺激情绪面,最终物极必反,如此,价格周而复始地涨落。

"智者乐水,仁者乐山。"趋势交易者懂得顺势而为,在趋势确认之初入场交易,他们反应敏捷,思维活跃,性情温顺,如水一般,洞察规律。价值投资者懂得物极必反,在行情极端时入场,他们不动如山,稳健笃定,长线持有,不惧曲折,如山一样,仁慈宽容。

见众生,掌握市场情绪周期

市场的周期就是人性的周期。众生皆苦,这个苦是自作自受。贪婪会让很多交易者无视风险，拼命加杠杆，最终把资产价格推送到泡沫破灭之境；恐惧会让交易者相互倾轧，众人恐慌踩踏式的出逃，最终把价格压到绝望的尘埃之地。

市场由大大小小的机构投资者和个人投资者组成，他们的认知结构和情绪都会如实反映在市场走势上。市场的性格就是市场参与者共同性格的反映，大多数投资者产生共识带来趋势行情，大多数投资者产生分歧带来震荡行情。正是在共识和分歧中，市场价格走出了周期性规律。

见自己，善用觉察战胜情绪

一个人的命运是掌握在自己手里的。有人说，富人家庭的孩子的起点就是穷人家庭孩子奋斗的终点。诚然，但是就算生下来是乞丐命，还有丐帮帮主洪七公呢。人生是自求多福的。一些好命之人，会因为累累恶行而断送美好前程；一些命运坎坷之人，也会因为正念正行而改变命运的轨道。

在我看来，"三见"中，最重要的是"见自己"。一个带着情绪的人不可能看到事情的客观真相，你爱她时，她就是"小甜甜"，你恨她时，她就是"牛夫人"。情绪化会让你看市场时产生主观想法，比如你买入大量股票后市场下跌了，你会说你看不懂，有时候并非你看不懂，而是你不愿意看懂。

当你手里拿着锤子，你看什么都是钉子。因此，你必须放空自己，放下情绪，觉察自我，才能看懂市场，看懂众生。

11
再精准的判断力也无法改变命运

功名看气概,富贵看精神。

——曾国藩

一天,朋友说,他做了十几年贵金属,特别看好黄金,但没有入场,随后黄金上涨了一波,很是遗憾。我问他:"你真的确定黄金能涨吗?"他说:"按照多年的经验看,能涨。"我问他:"那你在黄金上赚过大钱吗?"他说:"没有,但是多次看准了行情。"

我想,他的情况在大多数交易者身上都发生过,资本市场看似机会很多,但是真正属于我们的大机会又有几次呢?实际上,只有判断力是远远不够的,交易者想要大赚一笔还需要押对趋势大行情。

辛苦不赚钱,赚钱不辛苦。那些做日内短线的交易者,不能说是错的,因为短线交易为市场提供了流动性,是有价值的。但是很少有交易者是通过短线交易赚到大钱的。

为什么很多人有着精准的判断力却无法改变命运呢?

我问朋友:"为什么看准了却不敢赌一把?"他说他害怕,毕竟他已经成家立业,如果赌输了,没有办法向家人交代。

我觉得他说得非常正确,非常符合逻辑。而正是如此,这些无比"正确的理由"才造成了一个人的贫穷。所以我经常说,一直穷的原因就是穷本身。改变命运的办法没有其他，无非是利用几次大机会，并敢于下重注。而这其实是一条不归路。这种高难度的事情，只有极少数人有这个机缘与魄力做成功。

"魄"是肺精气足的体现，而"力"是肾精气足的体现。"有魄力"指的是肺和肾两个脏器的精气非常充足，这样的人做事大胆果决。

所以，一个投资者想要翻身，只在有形的技术方面下功夫是不够的，因为就算你的判断力再准确，在关键时刻不敢下注，一样不能获得大的结果。

12
以价格为依据，以指标为参考

> 时有风吹幡动。一僧曰风动，一僧曰幡动。议论不已。惠能进曰："非风动，非幡动，仁者心动。"
>
> ——《坛经》

在资本市场，没有分歧就不会有买卖，这是基本常识。因此，市场上资产的每一个价位都是买卖双方认知斗争的结果。

在交易时，每个人的策略都不同，就算是相同的策略也会因为不同的周期而有所差别。好在，没有哪个投资策略是一直有效的。

我刚开始交易的时候，学习的是 KDJ、MACD 金叉与死叉，再加上一个背离。到现在，我研究交易这么多年，在技术指标上依旧没有任何新发现，或者说，我有了一些发现，只是被证明"画蛇添足"了。

对于技术指标和价格关系的争论从来不曾停止过。有人将技术指标奉为圭臬，有人对技术指标嗤之以鼻。面对这个矛盾，我们应该如何调和呢？

我认为，技术指标是价格的影子，是价格的一种度量与特定计算。我们对这一点一定要有深刻的认知，如若不然，就会陷入用技术指标去预测价格走势的陷阱中。

既然指标是影子，我们就要明白两层含义：第一层，指标和价格本质上是一体的；第二层，价格是体，指标是用。

技术指标是人为二次加工的产物，它只能反映价格某一方面的特征，但是它有客观量化的优势。同时我们也要认识到，价格运动是混沌的，交易者对价格的解读容易陷入随意性。

因此，我们对待价格与指标的态度应是"以价格为依据，以指标为参考"。我们一旦判定了价格趋势与方向，就可以参考指标，找到比较好的买卖点。

也就是说，我们要用价格来确认指标的正确性，而不是用指标来预测价格的方向。比如 MACD 出现金叉，我们跟还是不跟？这取决于价格本身是不是已经突破。更重要的是，我们要看价格趋势是否明显。

如果价格处于上涨趋势，MACD 出现了金叉，很明显这是一个入场机会；相反，如果价格处于下跌趋势，MACD 出现金叉，那么这时候就不是机会了。

如此，我们就可以把价格的先行性与指标的量化结合在一起。技术指标虽然在预测行情上不太行，但是在寻找价格可能的起爆点上具备一定的量化与客观优势。

因此，我们用 1~3 个比较顺手的技术指标作为参考即可。我们要把主要精力放在价格趋势与突破，以及价格背后的资金流与基本面上。

13
为何交易系统要简单化

如无必要，勿增实体。

——奥卡姆剃刀原则

我们的大脑喜欢过度分析，总是在追求线性的秩序，无法容忍非线性的无序。一旦大脑通过现象归纳，把没有什么联系的事物进行因果关联，就会误导交易者。

市场行情本是混沌的，且难以预测，但这无法说服大脑，大脑会下意识地通过各种指标去预判未来。

对于交易者来说，看到一张 K 线图，一般会本能地分析预测下一根 K 线是涨还是跌。大脑总是觉得 K 线后面的走势可以被掌握，实际上，你所看到的并不是真实的价格趋势，而是你大脑中的模型。当你用固定模型去预测市场走势，很容易陷入主观臆断的陷阱。

市场不可能被一套模型完全解释，市场走势是受交易者影响的。一旦某种交易模型被大量交易者证明有效，就会变得无效，市场会变成另外一种状态。

价格的变化是无常的，但唯一不变的是"价格有惯性，趋势会延续"。

我们不要总想着预测未来，要充分认识到大脑就是一个采集信息、构建概念、建立模型与输出逻辑过程的工具。它很擅长化繁为简、总结规律、展望未来，一旦大脑误认为掌握了市场规律，我们就产生了"认知障"。认知障就是"看山不是山，看水不是水"，总是觉得自己可以把握一切。这种掌控感集中体现在对胜率的执着上。一旦对胜率产生执念，你就会陷入无止境的系统优化的死循环。

执着于胜率是大脑的控制欲在作祟。我们应该清楚，是大脑模型构建了"胜率"这个概念。要知道，胜率本不存在于市场，只是因为我们的行为作用于市场，才有了这个概念，因此胜率是主观的认知。

追求胜率是一种"有为法"，必然"如梦幻泡影"般虚无。很多人希望通过优化参数或者增加系统复杂性来构建一套美好的买卖系统，这其实就是在自我陶醉地营造一场梦。

没有鱼的池塘，就算你把水抽干也没有意义。须知，先有行情，才有策略的有效性。行情是本，策略是末。

既然如此，我们的交易系统就要反其道而行之，只要系统能不错过大行情，具有赔率优势，那么就在此基础上尽量追求简单系统，放弃胜率执念。

高赔率的简单系统比高胜率的复杂系统更有优势。简单的系统对市场的适应性强，便于交易者更好地执行，这是非常重要的，因为中间环节越多，越容易出错。

很多交易者会纳闷为什么他们的交易系统回测数据很好，交易结果却并不好。答案很简单，就是执行层面出了问题。操作越简单越能保持策略和结果的一致性。

"法尚应舍，何况非法？"一切交易技术，在我看来不过是交易者用于满足自己执念的工具，深陷其中难免被其反噬。当你看到明月的时候，就不能盯着手指不放；当你过了河，就不要抱着竹筏不放。

所谓技术，其实不过是过河的竹筏罢了。放下束缚，让价格如实表达，没有意外，只有自然，你对什么趋势都不会感到不适。"春有百花秋有月，夏有凉风冬有雪。"四季有四季的风景，四季有四季的价值，你又何必执着于价格必须如何呢？

这就是交易系统要简单化的意义所在。

14
从亏损到盈利的距离有多远

> 众里寻他千百度,蓦然回首,那人却在,灯火阑珊处。
>
> ——辛弃疾《青玉案·元夕》

每个初入股市的新人都是非常容易赚钱的,甚至比那些所谓的老手赚得还多。2014年牛市的时候,我身边好几个没有炒过股的朋友去买股票,基本上没有不赚钱的。但是随着他们对股票技术研究的深入,到了熊市,赚的钱基本亏掉了。

在市场面前,人人平等,因为没有谁可以改变市场,你能改变的只有自己。从亏损到盈利需要多久?刚开始,我认为是三年。我跟老师学了一些基本交易技术后,我告诉他,这些都比较简单,三年就差不多了。

他的回答是,他现在也还在学习中,这个行业是学无止境的。

对此,我很不解,交易不就是一个买一个卖,有这么费劲吗?三年后,我爆仓了!

原来从亏损到稳定盈利,是真的很远。这个远,不在看得见的买卖行为本身,而在看不见的认知提升方面。

从无知到愚昧

第一个阶段,你觉得你对市场一无所知,基本上处于"听话照做"阶段。有老师带的人会非常听话,对市场也非常敬畏,这个阶段很难亏钱。

随着对技术的学习,你对市场的了解越来越多,各种方法、各种理论如数家珍,一天到晚波浪理论、顶底背离,利用各种概念去衡量市场,最终越学越糊涂,开始疑惑怎么就看不懂市场了呢?感觉还不如刚开始啥也不懂的时候。

这个阶段就是"为学日益的过程"。学习了大量理论,执着于预测市场走势,总是觉得自己可以走在市场前面,如果没有做到,那是因为自己学得还不够精。

从我执到无我

大部分人会止步于第一阶段。只有少数有慧根的人明白赚钱不能靠预测。预测需要一个主体,这个主体就是"我":我认为,我觉得,我预计……

但市场终究不是我们开的,它有自己的运行规律,我们一旦陷入我执,就会陷入痛苦,无法自拔。在我们没有情绪的时候,不排除偶尔能够预测准行情,但是控制自己的情绪何其艰难。

你需要放下自我,把那个"我认为"彻底放下。这一阶段是非常非常困难的,因为每个人都有自己的性情和思维习惯,大脑也是按照一定逻辑来预测的,骤然停止预测,很难做到。

从法执到无法

"道,可道,非常道。"我们所学习的一切概念和指标都是人脑加工后的结果,它们被表达出来的那一刻,就产生了局限性,至少是不准确的。

因此你不可能依据某一个技术指标去战胜市场,你甚至不可能据此持续赚钱。也许你第一次看到用 KDJ 低位金叉抓到大底,而这个信号再次出现却极大可能是下跌中继的短暂回调。

没有任何两次行情是完全一样的,过去的经验与方法能否适合未来的行情,需要打个问号。正如《孙子兵法》所言:"故兵无常势,水无常形,能因敌变化而取胜者,谓之神。"所以,你需要从具体的技术中解脱出来。不过,解脱不是不用,而是不执着。仅仅这一点,很多人需要好几年才能做到。

从混沌到确定

当你放下自我、放下技术后,随之而来的是迷茫,巨大的迷茫。一切都是空的,一切都是不确定的,一切都是混沌的。究竟如何安身立命呢?

《道德经》中有一句话:"道常无为而无不为。"你创造不了市场趋势,你要做的是利用市场趋势,如流水一般去感受市场流向的阻力与支撑。

价格总是沿着阻力最小的方向运行,你要做的就是观察这个阻力最小的方向究竟在哪里。记住,是观察,而不是预测,更不是猜测。

市场本身是无常的,就算阻力最小的方向出现了,依然有夭折的可能性,我们一定要做好风控。

市场价格未来的不确定性风险,我们是无法控制的,我们能控制的是自己的行为。市场没有行情时,不必强求。赚钱的机会只能市场给予,而我们要做的就是控制亏损,只是控制亏损,然后等待机会。

最终,我们发现,原来我们只是风险管理者。我们唯一能确定的,是不让账户发生大额亏损,以确保下一次市场大行情出现的时候我们还在场。

当你真正经历了市场的牛熊周期,就会充分体会到"在场"的重要性。行情总是在不经意间启动,那么迅速,不会留给你太多思考时间。

15
全方位分析股票及我们的应对

> 世有伯乐，然后有千里马。千里马常有，而伯乐不常有。
>
> ——韩愈《马说》

想要对某只股票进行全方位分析，离不开基本面分析、资金面分析和技术面分析。这三者的侧重点不同，使用的人群也不相同。

从功能上看，基本面分析用来挖掘公司的投资价值，资金面分析用来监测市场的增量资金，而技术分析用来捕捉价格信号。

基本面分析关注的是投资标的价格背后的价值。在现实中，经常出现高价值的股票股价不涨，没价值的股票股价涨上天的情况。为什么会这样呢？因为价值与价格的一致性本身就只是一种投资信仰，完全取决于主流资金对它的认知和态度。

"世有伯乐，然后有千里马。千里马常有，而伯乐不常有。"挖掘股票价值的过程就是伯乐相马的过程。那些掌握话语权和定价权的市场分析师与基金经理的职责就是让"金子发光"，让"泡沫破灭"。

我认为对于一般投资者而言，基本面分析意义不是太大。因为以其所掌握的三手乃至四手信息，很难获得信息差优势，况且其是否具备伯乐的专业认知还是个未知数。

因此，在你的认知能力达到基本面分析的需求前，最好不要完全基于基本面分析早早地进入市场。你应该做的是观察主流资金的动态，观察技术面是否达到了趋势形成的标准。

我们知道，推动股价形成趋势性行情的直接因素，不是基本面本身，而是认可基本面的主流资金。一旦一个行业或者一家公司乃至一个商品获得了大资金的青睐，那么基本上会展开一波轰轰烈烈的大行情，因为大资金需要更大的趋势空间才能盈利，对他们而言，买与卖都是有成本的。

判断大资金入场与否并不复杂，因为主流资金的动向是需要公开披露的，而且市场总是把目光聚集在他们身上。此外，从盘面也能看出来，比如股票量价齐升、商品持仓量上升等，毕竟资金流入肯定会对盘面产生有利影响。

举个例子，巴菲特自2016年起连续三年买入苹果公司股票（见图4.1），截至2023年7月，已获得超过5倍的回报。

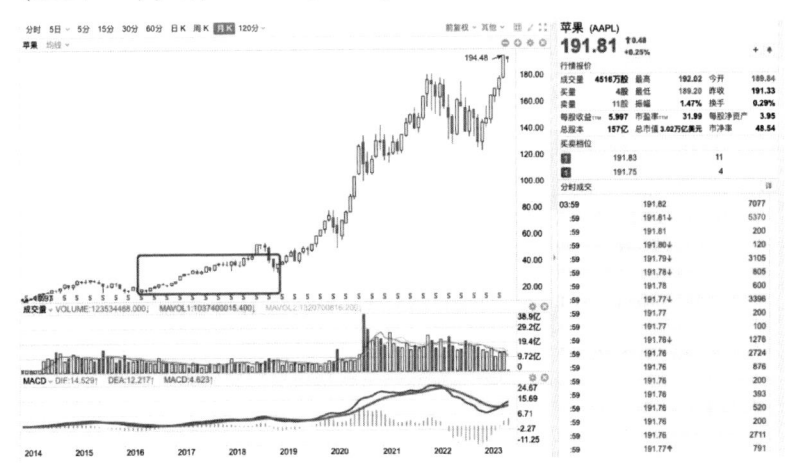

图4.1 巴菲特自2016年起．连续三年买入苹果公司股票

巴菲特投资苹果公司的过程如下。

（1）巴菲特自2016年开始买入苹果公司股票，当年投入

67.47亿美元，持有苹果公司约1.1%的股份，年底市值约70.93亿美元。2016年年底，苹果公司市值不到6500亿美元。2015年苹果公司全年涨幅为负，2016年业绩下滑。

（2）2017年，巴菲特投入209.61亿美元买入苹果公司股票，占苹果公司股份的3.3%。越涨越买。

（3）2018年，巴菲特投入360.44亿美元买入苹果公司股票，占苹果公司股份的5.4%，年底市值约402.71亿美元。2018年年底，苹果公司市值约7500亿美元。

可见，巴菲特买入苹果公司完全是明牌，后期苹果公司的巨大涨幅更是有目共睹。

主流资金的介入使价格趋势形成有序的形态。如果股票价格波动没有任何规律可言，那肯定是散户众多，没有主心骨。一会儿上蹿，一会儿下跳，怎么会有规律呢？从这个意义上说，技术面就有用武之地了。

技术面，说到底，只是对资金流动的一种直观表述。每一个价格都是资金与筹码交换的结果。当主导市场的资金没有主心骨时，股价就会无序波动，体现在技术上就是无序震荡；当主导市场的资金一家独大时，这个资金的稳定性就会重塑价格波动基因，于是价格的趋势变得有序。

人是市场的参与者，价格当然也是由人所主导的，股价的规律性就是人性合力的体现。

比如，游资主导的小盘股行情，很多股票的股价经常沿着5日均线飙升，而白马蓝筹股行情，很多股票的股价经常沿着20日甚至更长的日均线上涨。这是由主流资金的属性决定的。

从这个角度看，技术分析本质上就是发掘主流资金稳定性所塑造的股性规律。

　　这就是一般交易者更喜欢技术分析的原因，因为技术分析反映价格背后资金的属性与特点，而资金流动本身也代表着市场参与者对基本面的态度与立场。换句话说，技术面反映一切！

　　鉴于技术分析的客观性和可量化性，利用技术分析可以建立量化交易系统。这个交易系统可以不用关注基本面甚至是资金面，只需要在价格必然要去的方向等待即可。

16
过分追求技巧，可能加速失败

> 故用兵之法，十则围之，五则攻之，倍则分之，敌则能战之，少则能逃之，不若则能避之。
>
> ——《孙子兵法》

对术的追求可能会让你走得更快，但是绝对不能保证你走得更远。越是精致，对环境的依赖度越高；越是粗糙，对环境的适应性越强。术能带来精致，精致本身就是陷阱，它会让你安逸，但是安逸对环境的依赖度很高，环境一旦改变或者恶化，精致就会走向崩溃。好比一个人，从小在蜜罐中长大，吃一点苦受一点罪就感觉天要塌下来了。

世界上著名的步枪AK-47，据不完全统计，总产量已经超过了1亿支，是枪械历史发展至今产量最高、适用范围最广、改进类型最多的枪械。这款步枪有三大特点：构造简单，造价低廉，操作简单。

构造更加精密的M16虽然性能远在AK-47之上，但对环境的适应性远不如AK-47。M16射击时卡壳，越南潮湿的作战环境和恶劣的战斗条件会提高其故障率，导致它被简单、粗糙、在泥水里滚过都能用的AK-47所打败。据说，美军在越南战场纷纷丢弃M16，捡越军的AK-47用。

这个适应性问题，在金融市场体现在对"黑天鹅事件"的适应能力。金融市场里有时会发生交易者交易系统无法应对的突发事件，这些事件是主要的"利润收割机"。很多长期盈利的交易者会因一个突发事件把利润全部还给市场。

那些极度重视胜率的交易系统，最终都会败给交易系统之外的突发事件。大名鼎鼎的美国长期资本管理公司，聚集了一批投资精英，他们独创了一套极其复杂的数学模型，坚信市场是精确、纯粹、连续的正态分布，追求100%胜率的无风险套利。然而，天有不测风云。1998年，俄罗斯金融风暴引发了全球的金融动荡，长期资本管理公司沽空的德国债券上涨，而做多的意大利债券下跌，价格波动的正相关变成负相关。

长期资本管理公司忽略了这种负相关的小概率事件，错误放大金融衍生品的运作杠杆与规模，利用22亿美元资本作抵押，买入价值1250亿美元的债券。短短150天里，48亿美元的资产净值仅剩5亿美元，造成了巨额亏损，最终被收购。

由此可见，在金融市场，对术的过分执着，对胜率的过分追求，反而可能会加速失败。而那些胜率不高，但赔率很高的交易策略，虽然短期看不出有什么亮点，甚至经常出现割肉就大涨的状况，但是很难被一次"黑天鹅事件"清算。

大力出奇迹。技巧在大力面前是没有用的。《孙子兵法》有云："故用兵之法，十则围之，五则攻之，倍则分之，敌则能战之，少则能逃之，不若则能避之。"这段话的意思是，当我十倍于敌，就实施围歼；五倍于敌，就实施进攻；两倍于敌，就要设法分散他们，各个击破；势均力敌，就要想尽办法战胜他们；兵力弱于敌人，就避免作战。

这就是小资金在资本市场存活难度很大的原因。因为资金越小，对你的技术要求就越高，这就迫使你不断优化你的交易系统，以期获得100%的准确率，这本就是一件过于苛刻的事情。

相比之下，大资金的试错机会更多。大资金可以小仓位试错，轻仓博取趋势行情的利润肯定比重仓押注短线行情更加简单。

在这里需要强调的是，大家公认的交易十字箴言"轻仓、顺势、止损、持长、扩利"中，轻仓争议最大。

反对者觉得轻仓赚不到钱。这里大家要明白，轻仓的本质是增加试错机会，前提是本金规模较大。就是说，当安全性是第一考量要素时，一定要轻仓。但当你资金少、需要大利润的时候，轻仓就没有意义了。

大资金适合"围歼战"，小资金适合"运动战"，前者赢在以多胜少，后者贵在以快胜慢。

对于希望在期货市场翻身的小资金而言，你需要忍人所不忍，能人所不能，通过集中优势兵力打一场胜仗。

小资金的宿命是追求确定性，必须下重注打翻身仗。至于风控，并不是第一位的，因为你本就没有多少本金，不需要控制风险。

小资金需要赌明天，追求的是超额利润。真正的常态式交易是有足够的本金，通过轻仓试错，找到趋势风口，浮盈加仓，进而获得超额收益。

17
真正的主流趋势行情都是流畅的

古之所谓善战者，胜于易胜者也。故善战者之胜也，无智名，无勇功，故其战胜不忒。

——《孙子兵法》

交易者做交易最需要具备什么品质？我觉得第一是耐心，第二是勇气，而耐心是勇气的前提。正如查理·芒格所言，投资要保持永不衰竭的耐心。对交易者来说，耐心，就是"无为而无不为"，是一辈子都需要坚持的"为无为"。

我们知道，资本市场真正的趋势行情是有限的，那种翻倍大行情更是难得一遇，大部分时间市场是无序震荡的。可以说，在价格走出方向之前，连市场本身都不知道价格要去哪里。想想看，这时你若不耐心等待，你的入场逻辑何在？

我们的行为是按照一定的逻辑展开的，这个逻辑被固定下来就是我们的交易策略。而逻辑本身必须是符合市场运行之道的。市场既然大部分时间没有方向，大部分时间在酝酿行情，那么我们的大部分时间自然是在等待。

要抓住主流趋势行情

等待时间的长短是相对的，交易者只要抓住适合自己的主流趋势行情即可。日内交易就是一天出手一次，然后迅速离场；而日间交易可能一周甚至一个月才能等到一次主流趋势行情。

围绕这个主流趋势行情，每个人都可以采用各自的方法，"八仙过海，各显神通"。

主流趋势行情总是流畅的

真正的大机会是肉眼可见的，上涨了就是上涨了，下跌了就是下跌了，重点在于交易者是否能做到"看山是山"，即顺趋势持仓，而非猜测顶部或底部。

人类的大脑天然喜欢预测，当你害怕下跌，你的大脑中会提前于市场出现一根大阴线，于是你被自己吓出了局，回头一看，错过了真正的大行情。趋势行情最大的特点是"市场预期的一致性"，一旦最小阻力确立，价格会在最短的时间内完成任务，不会给对手及后来者太多的纠错与入场机会。

流畅行情出现的时候，你需要勇敢下注，去抓住那瞬间的机会窗口。这个时候的"勇"不过是顺着市场做该做的事情而已。

为什么趋势行情必然是流畅的呢？试想，你会把赚钱的大好机会拱手让人吗？不会的！因此你肯定会快马加鞭，用最短的时间达到目标位，实际上所有人都是这么想的。考虑到这个层面，你会自然得到"主流趋势行情总流畅"的结论。比如，2023年4—5月份的期货纯碱暴跌行情。有时候，你上了快车道，趋势走得过于流畅，你连止盈的理由都没有。

比如，2008年9—12月份期货铜的单边大跌行情（见图4.2），很多人赚了钱。所以，成为富豪并不是你懂得很多道理就可以，你更需要有运气遇到好的行情，如果你遇到垃圾行情，怎么挣扎都是徒劳。

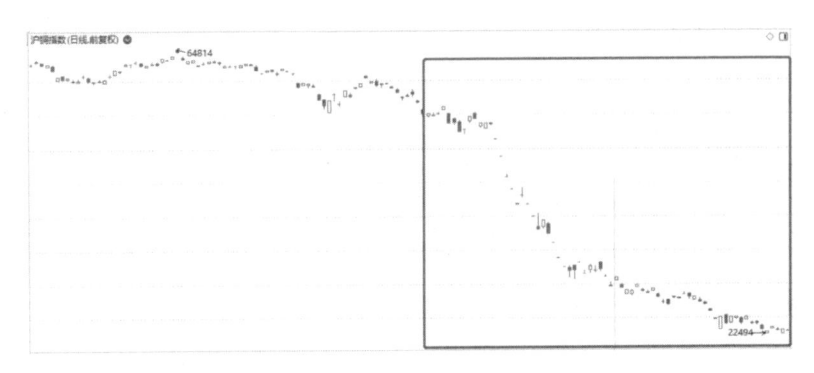

图 4.2　2008 年 9—12 月份期货铜的单边大跌行情

流畅行情傻操作

遇到流畅的趋势性行情，你需要什么技术吗？不需要。你需要的是傻瓜式的视角和出手的勇气。为什么当下 A 股市场总是强调技术呢？因为技术本质上就是内卷的产物。如果你想赢别人的钱，那你肯定希望通过技术战胜对手，如果大家都想赚流畅趋势性行情的钱，哪里有技术一说？不过，考虑到交易本就是博弈，这种情况是不可能出现的。

当我们把真实的市场掰开了揉碎了会发现，原来在资本市场赚钱这么简单，但又是那么难。是的，简单是因为流畅的趋势性行情不需要技术，只需要你在场，难是因为你没有足够的耐心等待它到来，以及等来了又没有勇气下重注。

为什么你总是与亏损相伴而行呢？

对于交易者来说，当你总是想避免亏损时，你必然会与亏损纠缠。如果你不愿意断舍离，不愿意止损，那么与亏损纠缠越久，你的损失就会越大。

交易路上，我们要"与良师相伴""与牛股同行"。我们要尽可能多赚增量市场的钱，少赚存量市场的钱。我们要在大海中遨游，不要在泥潭中打滚！

18
我们要等待的究竟是什么行情

> 故潜居抱道,以待其时。若时至而行,则能极人臣之位;得机而动,则能成绝代之功。
>
> ——《素书》

武王伐纣时,姜子牙说过这样一句话:"天与不取,反受其咎;时至不行,反受其殃。"意思是说,上天赐予的东西不接受,反而会受到惩罚;时机到了不行动,反而会遭受灾祸。

前文说过,做交易有两个品质很重要,即耐心和勇气。当市场给你机会的时候,你得有勇气去下重注。很多人会问:什么时候是机会?我们要等哪种机会?

有朋友说,我们要等的机会肯定是我们独家研发的交易策略监测到的机会,是这样的吗?不知道大家是否听过技术派投资家威尔斯·威尔德,他被誉为"20世纪最伟大的技术分析大师"。

他是很多交易技术指标的发明人,我们耳熟能详的 RSI(相对强弱指数)、ATR(平均真实区域)、DMI(趋向指标)、SAR(抛物线指标)、MOM(动量指标)等都是他原创的。

但是,他最后放弃了技术指标,还写了一本书——《亚当理论》。书里有一个故事:"精确先生"很擅长技术分析,有一次大量买入小岛指数,亏得一筹莫展,精神紧张,产生强烈的挫败感。他女儿和他进行了一番对话:

"爸爸，我不懂指数，也不懂股票和期货，但那几条线明明是要继续向下走的，对吗？"

"宝贝，你不会明白。不论根据波浪理论，还是根据银证测市系统，小岛指数都应该向上反弹冲到2900点附近，但过去4天，它连跌4天。"

"我知道，但这条线似乎还要往下跌。"

最终，"精确先生"望了望小女儿，由多仓转变为沽仓，反败为胜。

由这个故事，我们可以看出，无论你的技术水平多高，在市场面前照样有不灵的时候。在简单行情下，技术分析是没有太大发挥余地的，5岁小孩都能看得懂的行情，那些技术高手却执着于各种花里胡哨的理论无法自拔。

有时候，技术分析类似周星驰电影中的一项无厘头发明。在周星驰的电影《国产凌凌漆》中，达文西是一位很厉害的发明家。他发明了一款很厉害的高科技手电筒，叫"光能手电筒"。这款手电筒的厉害之处，就是在有光照的情况下会自动亮起来，在没有光照的情况下，只需要用另外一支手电筒照它，它也可以亮起来。想想看，不管我们用什么理论或什么指标，如果行情不配合，不充当"幕后光源"，你的那把"光能手电筒"是无论如何也不会亮的。

回到本文开头的问题，我们耐心等待的是什么行情？我想很多人都有答案了。就是市场拿着大喇叭告诉我们市场要大涨了的行情，这种行情无论你用什么指标都很灵，并且你会发现，就算你不用那把厉害的"光能手电筒"，照样看得清楚。

是的,我们要等的其实就是市场的"傻瓜式行情",这种行情就是大量聪明人犯错后开始的。我们只需要静静地做那个"单纯的小孩"就行了。

19
一切技术的本质都是关键点突破

> 有信心的人，可以化渺小为伟大，化平庸为神奇。
>
> ——萧伯纳

不知道你是否有过这种体会，盘中看到技术指标出现金叉后马上买进，结果股价掉头下跌，顿时让你不知所措。这时候，你大概会先把指标丢到一边，死死盯着价格，想不通为什么会这样。

相对于技术指标，K线分析是最为直观的，它简单、纯粹，不会受到干扰，能直观反映价格的波动。因此，读懂K线是交易者的基本功。

K线是资金博弈的直接体现，而技术指标是对K线运作力度的表现。买卖双方把资金和筹码交换后产生了一个个价格，进而形成一根根力度不同的K线，当后续的K线力度强于前面一根K线，就形成了技术指标的金叉或死叉。

可见，技术指标本质上是对K线力度的量化表述。举个例子，5日均线上穿10日均线形成金叉的技术形态的含义是，5日内买入的成本高于10日内买入的成本，即5日内买入形成的K线力度强于10日内买入形成的K线力度。从成本和力度上看，显然交易者看好后市，不然不会抬高成本买入。

从更深一层来看，一切指标的金叉与死叉都是价格突破的量化表现。依旧拿 5 日均线与 10 日均线形成金叉为例。当 5 日均线上穿 10 日均线时，我们去看 K 线就会明白，这反映的是一根阳 K 线同时突破了前 5 日和前 10 日 K 线价格的最高点（见图 4.3）。

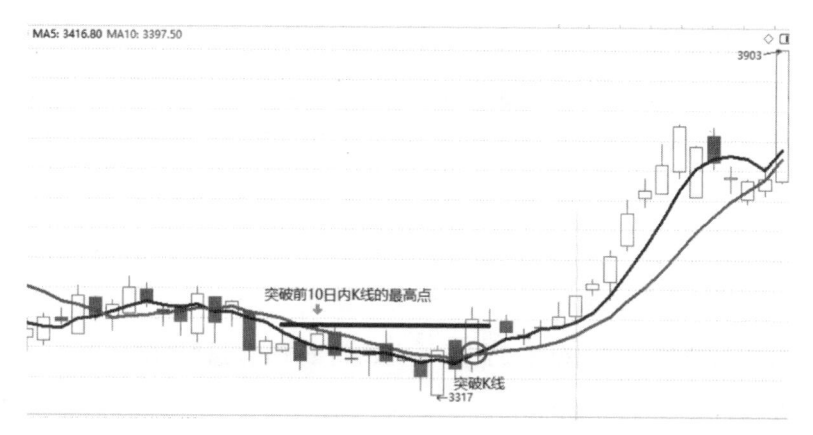

图 4.3　价格突破与均线关系

当你看懂了 K 线突破，至于指标信号如何，似乎就变得不那么重要了。这就是很多人不怎么看指标的本质原因。这也能解释为什么技术指标经常失灵：由于突破的"因"经常失灵，价格的"因"在变，指标的"果"自然跟着变。这就是我所说的，没有什么技术，一切技术都围绕突破或者伴随着突破，仅此而已。

当你深刻理解 K 线，再结合一些量化指标，做交易就会更轻松，因为你不会因为指标失灵而感觉意外。你很清楚指标为什么会失灵，那不过是因为 K 线突破动能后劲不足所带来的指标假信号而已。

有人说，所有 K 线都是有意义的。这句话也对也不对。当你基于分析，仔细阅读每一根 K 线，自然是非常正确的。"燕过留痕"，每一个价格都可以被赋予意义，即便这个价格是因为交易员喝醉了误操作造成的。但是对于操作而言，并非每一根 K 线都有价值。我们要寻找的是关键 K 线。这根关键 K 线的本质是打破了平衡的关键点且后续动能充足。

从哲学的角度看，量的积累会带来质的突破。关键点就是从量变到质变的转换点。这是技术分析的牛鼻子，一旦你抓住了这个转换点，只需要在这个位置观察价格的突破动能即可。

简单说，技术分析不过是用来观察突破以及突破的持续性的。很多人搞得太复杂，只是因为不懂这个道理，沉迷于表面的分析与预测，试图在多变的影子上找到影子的运行规律，这真的是一件非常可笑的事情。

利弗莫尔说："我选择一个关键的心理时刻来投入第一笔交易——这个时刻是，当前市场运动的力度如此强大，它将率直地继续向前冲去。这只股票之所以继续向前冲，不是因为我的操作，而是因为它背后这股力量如此强大，它不得不向前冲，也的确正在向前。"实际上，利弗莫尔说的就是突破与突破的持续性。这里的难度不是突破，而是关键点的找寻，以及后续突破的力度。

如果关键点选择错误，那么所观察的 K 线也会变得没有意义。换句话说，K 线的意义是由其位置决定的。好比你当经理时前呼后拥，你被撤职后人走茶凉。不是世道变了，而是你的位置变了。

价格一旦突破，就暗示市场的力量可能不一样了，若是因为主流资金的介入，那么市场就会迎来新的趋势惯性。

没人知道趋势惯性的持续性如何，利弗莫尔的策略是盈利加仓。当关键点站稳时，就意味着市场确认了新趋势的到来，就要加仓。这就是交易大智慧，需要好好体悟。

第五章 无为而无不为

01
真正的好机会都是一目了然的

弱小和无知不是生存的障碍,傲慢才是。

——刘慈欣《三体》

当你一眼看去,感觉价格既可能下跌又可能上涨,那说明你没有看懂行情,或者说这时候的行情本应该是看不懂的,你怎么办呢?很多人,尤其是技术高手,会熟练运用各种技术来预测价格,结果把自己搞得晕头转向,还是没有分析出个所以然来。

实际上,好机会并不是我们创造出来的,而是等来的,这句话价值千金。观点其实都是很简单的,只是多数人的头脑被错误的认知占据了,因此本书的大部分内容都是在纠正交易者的错误认知与观念,而非告诉大家预测市场的方法。

真正的好机会其实都是一目了然的,并不是你拼命分析和努力找寻出来的。大部分的交易难题是我们的错误认知造成的,其中最大的错误认知就是强迫市场给我们本就不存在的机会。

很多时候,我们只需承认看不懂,遇到看懂的行情再做也不迟。

新手败于不懂等待的价值,老手败于不愿等待的冒进。老手总是试图预测行情,一次次失败,一次次调整技术分析方法,最终不禁发出"市场太难了"的感慨。其实他们走进了误区。他们追求的是高胜率，当然，追求高胜率是无可厚非的，不过，一旦在这个方向上走得过远，就陷入了对胜率追求的偏执。一旦执着于胜率，你的交易就会走入误区。很多朋友说，怎么会呢？谁不想百发百中，能够做到这一点不是更好吗？所以优化技术之路没有止境。

确实，这种看法非常诱人，但是他们忘了一点，行情并不是我们创造出来的，而是等来的。

一旦进入另外一个语境，你之前觉得无比正确的认知就会站不住脚。这是因为你对正确认知并未完全悟透，你的理解只停留在表层的概念上，而非深入客观事物本身的属性。

行情并不是我们创造出来的，这句话意味着我们凭借主动分析是没有办法找到本就不存在的交易机会的。在没机会的情况下，你再怎么分析价格也没有用。

股市上涨或下跌和你无关，股市的涨跌自有它自身的规律来约束。在市场面前，我们太渺小了。很多交易者盈利几次之后就飘飘然了，随之而来的就是傲慢。一旦傲慢情绪起来，再聪明的人也会做出愚蠢的事情。他们试图再创辉煌，但是市场并不会理会他们的傲慢，最终会给他们教训。

老子主张"柔弱胜刚强"。当我们面对客观自然，也就是资本市场时，我们要学习的是柔弱。

"柔弱胜刚强"，首先是不逞强，不争先；其次是能臣服，能顺势。我们看图 5.1 会发现什么呢？我们看到，市场总是在无序震荡之后出现有序趋势行情。

真正的大行情都一目了然。价格对无序行情的突破就是趋势交易者的入场点。我在本书中从多个角度阐述了这个观点，它似乎很简单，很重要，却又很难，难在我们的错误观念不易改变。

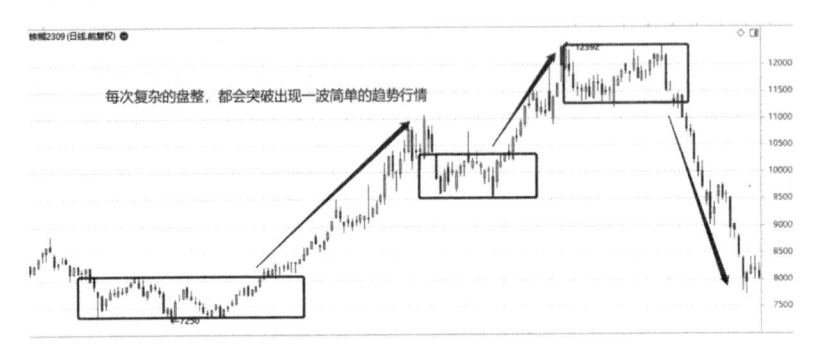

图 5.1　盘整后的单边行情

如果你总是希望抄底，那么你的交易很容易出现在长方形方框内，被市场反复折磨，进而失去方向，失去交易信心。即便大行情来临，也不是跟错方向就是不敢持仓。

而这还不是最糟糕的，有的人在下跌趋势中看到止跌信号就一路抄底，最终被市场淘汰（见图 5.2）。

图 5.2　反弹抄底失败

实际上，并不是市场要淘汰你，而是你的错误认知和观念淘汰了你自己。抄底思维就是逞强思维,预测思维就是"我执"思维。

　　真正好的交易,只需要你身段软下来,臣服于市场,亦步亦趋地跟随市场的趋势行情,仅此而已。

02
请不要把盈亏与自尊绑在一起

> 对别人来说，犯错可耻。对我来说，认识自己的错误是值得骄傲的。只要我们认识到，人类的理解不可能无可挑剔，那犯错就不算羞耻之事。没能纠正错误，才是该羞愧的。
>
> ——乔治·索罗斯

亏损不仅吞噬交易者的本金，更打击交易者的信心和自尊。一个交易者如果不能正确面对盈亏，不能坦然接受损失，不能学会"向死而生"，是无法在资本市场生存的，更不用说赚钱了。

我在交易之初，参与的是外汇市场。我有一个朋友特别喜欢做非农数据行情，不过这不代表他擅长预测非农数据行情，他总是在非农数据出现前就提前押注方向，结果不是狂喜就是爆仓，情绪大起大落。

有一次，一波大跌行情让他的账户资金翻了好几倍。他说，这种感觉实在是太爽了，觉得自己可以掌控一切。我们提醒他，不要太自信了，人并不总有好运气，但他并不以为意。

有一天，他告诉我，他爆仓了，我问是押错了非农数据行情吗？他说不是，他想迅速赚一笔钱来买房结婚，看准了欧元品种的强支撑，于是重仓参与，结果仅仅一个跳水，他的本金和之前的盈利全部亏完，这个打击太大了，让他没有信心再做交易了。

他给我上了生动的一课。千万不要把盈亏和个人的自尊联系起来。毁灭往往都是从自负开始的。

面对账面的亏损，如果短期市场没有出现逆转的迹象，记得要止损，而不是陷入上次成功的光环。这是避免毁灭的最好办法，因为市场从来不给任何人面子，该跌的时候不会因为你是"股神"而放过你，该涨的时候也不会因为你是散户而忽略你。

与此同时，我们在心理上还要认识到一点，亏损与自尊心毫无关联，切忌把"我"的能力与盈亏挂钩，盈利了不要觉得是自己的能力强，亏损了也不要觉得是自己愚蠢。

如果想在资本市场长期走下去，就要把"我"与市场分开，"我"的价值并不取决于是否战胜市场。真正的"我"，始终是"不增不减、不垢不净"地存在着的。市场涨跌与账面盈亏影响不了"我"的精神世界，更打不倒"我"的自性圆满。

请记住，也许你炒股是失败的，但这丝毫不影响你是一个优秀的工程师、经济师、管理者，或好医生、好父母、好老师，这二者没有丝毫关系。

我们可以通过止损把自己的账面损失降到最低，不要纠结一城一池的得失；同时在精神领域，要把自尊和盈亏的联系彻底切断。记住，盈与亏都无法影响你的价值！除非你觉得自己没有价值。

03
交易大师都是情绪管理大师

你没有觉察到的事情,就会变成你的"命运"。

——荣格

交易者对市场有了正确的认知,形成了自己的正期望值交易策略是否就万事大吉了呢?答案是,远远不够。因为交易是一个自我斗争的过程,尤其是当你长久面对市场的无常和账户的盈亏时,一旦你无法有效控制自己的情绪,就会因情绪失控而亏损,甚至被市场淘汰。

我们知道,情绪是一种能量,它会积累,平时被理性压制在潜意识中,一旦失控,就一发不可收拾。有人说,不要欺负老实人,因为老实人不会像性格外向的人那样懂得释放,一次次负面情绪的积累,会导致他们的理性控制不了他们的坏情绪,最终可能会导致暴力事件。

作为交易者,每天受到的市场冲击太大了,尤其是当你仓位过重的时候。一旦市场波动超过你的承受力,你的情绪就会失控,进而冲动交易,造成亏损。

市场的力量太强大了,我们永远打败不了市场,我们的愤怒会被市场碾压粉碎。因此,在比我们强大的对手面前,我们不应该有情绪,也不可以有情绪。

在电视剧《三国演义》中曹操有一句台词:"愤怒会降低你

的智慧。不要憎恨自己的敌人，因为憎恨会降低你的判断力。"的确如此，在《三国演义》中，诸葛亮用过两次激将法，一次是针对王朗，另一次是针对司马懿，王朗被活活气死，而司马懿则不为所动，最终天下归于司马懿。

面对市场波动，如果你心里产生愤怒、冲动等负面情绪，那你就已经输了。

很多人有过这样的体会：一买入某只股票，它立刻就下跌；一止损，它马上就上涨。你多次被市场耍弄，难免会产生报复心理，希望狠狠地咬它一口，不经意间你就中了市场的圈套。

你被惹怒后，一急眼就把全部仓位押上去。最终，你被市场淘汰了。

因此，我们要充分认识到一点，我们不可能是市场的对手，不要让市场看出我们的弱点。当你遇到一个酒鬼，他骂了你，你最好离他远远的，而不是上前去和他理论。你不和他纠缠，你就不会受到伤害。

与此同时，我们要时刻向内求，看看自己是否感觉到不舒服，情绪是否有波动，内心是否有波澜。如果有，你一定要把它消灭在摇篮中。如何消灭？其实就是觉察它，当你意识到自己有了情绪，它的能量就被你释放了。

我们大多数时候意识不到自己有了负面情绪，不自知地被情绪带到了危险之境。当你醒悟的时候，却发现自己已经掉入了万丈深渊。因此，我压根不需要知道你用的是什么交易方法，只需要知道你能否管理好自己的情绪，大体上就知道你的交易水平怎么样。

可以说，交易大师一定是情绪管理大师。

04
如何建立正确的持仓观

> 我们没有培养，人是由过去的环境和经历造就的，所以只能天成，只能筛选。我们能做的，只是把合适的人从人群中筛选出来，而不是把不合适的人教育好、培养好。
>
> ——比尔·盖茨

不知道你是否经常在买入股票后后悔。它不涨时，你后悔买了它；它大涨时，你后悔买得太少了。这种后悔会对你的情绪产生负面影响，进而影响你的交易。

为什么我们的情绪会随着股票的涨跌起伏呢？因为股票的涨跌直接决定我们的盈亏。如果我们买的股票大跌，我们会亏钱，只有股票大涨，我们才能赚钱，这是常识。但是，如果我们不能把这种初级认知进行升维，我们肯定会在账户的盈亏中迷失自己。因此，我们不但要打破这种旧认知，还要建立新的持仓观。那么，什么才是正确的持仓观呢？

如果你是一位老板，你想招聘一位员工，流程大致是这样的：看看对方的学历、工作经历以及言谈举止，如果对方符合你的用人标准，你就会让对方进入试用期；在试用期，你会继续观察，如果对方表现不好，你会在试用期及时与对方解除劳动关系，如果对方表现优秀，你会和对方签订正式的劳动合同。

在这个过程中，你是在给对方展现自我的机会，让其表演，至于表演得好与不好，那是对方的事情，你的工作仅仅是定标准、评优劣。

我认为，优秀的人才并不是培养出来的，而是在大量的人群中筛选出来的。一个人优秀与否全靠他们自己的天赋与努力，与老板没有关系，老板要做的只是确定筛选标准，提供后勤支持。

这个道理特别简单，只要当了老板都会这么干。但是到了股票投资领域就不一样了，交易者的做法往往是相反的，他们对所有买入的股票都有期待，他们希望通过自己的英明操作让错误的股票赚钱，而对于正确的持仓，却找个理由就清仓了。

最终，交易者伤痕累累，因为他们总是把精力放在没办法培养的"员工"上，而把表现优秀的"员工"开除（卖出）了，留下的都是三流员工。这些"员工"除了让交易者操心，消耗本金，没有任何价值，而交易者却乐此不疲，通过不停补仓来摊低成本，这和高薪养活三流员工没有任何区别。

因此，我们要树立正确的持仓观。

身份超然化

首先，我们要把自己的身份超然化，用老板的视角看待持仓股的表现。对于优秀的个股，给予更多关注，将表现差劲的个股及时剔除。

我们是园丁，要确保我们的花园百花齐放，而非野草丛生。对待野草，一定是斩草除根，不留后患；对待花朵，一定要精心供养，细心呵护。

谁是杂草，谁是花朵

我们买入每一只股票都要经过一定标准的筛选，最好是经历多轮"面试"后再买入。但我们还是难免会看走眼，因为对方并不受我们控制。我们能做的不是把杂草培养成花朵，因为杂草的基因不允许。我们要做的是让花朵更加鲜艳，然后我们给予它们更多的养料和更大的生长空间。

对于那些一直表现不佳的个股，还是止损比较合适。如果哪天它"重新做人"了，我们再给它机会。记住，作为交易者，你的工作不是培养牛股，而是筛选牛股。

05
为什么你总是拿不住趋势盈利单

因信称义,信仰得救。

——马丁·路德

作为交易者,不知道你有没有想过这样一个问题:为什么你总是拿不住趋势单子?有人说:"我上一次赚钱没有平仓却亏损了,这次赚钱了,无论如何也不能再亏回去,必须及时获利出局。"

经验一再告诉我们,对于正确的持仓,千万不要轻易离场。一方面,真正的趋势是比较稀缺的,错过了也许要再等很久;另一方面,有些人会做逆势单,因为只有逆势单才符合其入场逻辑,于是,被套得死死的,这个时候人会非常痛苦,因为明明做对了方向,却被自己搞成了逆势。

在我看来,这是人性的弱点带来的交易系统执行困难。任何交易系统都呈概率性的非线性排列,由此造成正反馈不及时。

说得简单点,如果你每次遵守纪律都会得到一朵小红花,那你慢慢就会养成守纪律的好习惯;但如果你遵守纪律,有时候会得到三朵小红花,有时候会被打一巴掌,那你就会无所适从,很难养成遵守纪律的习惯。

追求确定性是人的本能。本能是什么?就是你只要是人,就一定存在的天性,正如《道德经》所言,"吾所以有大患者,为吾有身"。

这种本能会让我们"目标漂移":本来要做趋势的,中途为了盈利的确定性,赶紧落袋为安。落实到执行层面,就是我们对目标不够坚定,造成我们拿不住趋势盈利的单子。

为什么很多优秀的投资人最终却失败了?不是他们技术分析不够好,也不是他们经验不足,而是因为他们依旧没有克服自身的不良习性。

退一步说,如果交易者没有天赋,只能用努力补偿。如果克服不了不良习性,我们只能持戒。这个戒律就是坚定趋势交易这个目标:亏损做短线,盈利做长线。

当你不是为了赚一点小钱,而是为了赚取大波段利润做交易的时候,你就不会因为短期的波动而动摇了,这个过程中的止损与获利回吐都是为了那个坚定的目标所付出的代价。

如果你过分重视确定性的胜率,你是不可能熬过大趋势的曲折与反复的。我不相信你用小盆能接一缸雨水。想要一缸雨水,首先你要有一个缸,而不是一个盆。有了缸,你就等暴雨到来即可。坚守你的缸,雨季必然来临。

那些成功的趋势交易者之所以能够拿住赚钱的单子,原因只有一个:他们的目标就是押注趋势,而且能坚定不移地执行。

也许你与大师的差别并不在于技术的高低,而在于能否坚守信仰。没有趋势信仰的人,终究会错过真正的趋势。

最后,从技术上看,持长获利回吐的原因是在震荡行情做趋势。持长的前提是我们已经把行情预期成单边趋势行情了,但也要谨防趋势行情夭折,在盈利后要及时跟进止损。

06
给自己制造持仓的耐力势能

我们趋行在人生这个亘古的旅途,在坎坷中奔跑,在挫折里涅槃,忧愁缠满全身,痛苦飘洒一地。

——马尔克斯《百年孤独》

大家对"让利润奔跑"这句话非常熟悉。这是趋势交易者赚大钱的不二法门,而且几乎所有的交易者都认可,但是交易最为吊诡的地方也在这里:告诉你方法,你照样做不到。因为这不仅关乎信仰,还关乎一个人持仓的心力能量。

遇到大行情,能够拿得住的人寥寥无几。当你错过一次大行情,你暗暗发誓,下次我一定要忍住不卖。但这并不容易,"忍"字头上一把刀,反人性的行为是需要消耗能量的。一旦能量消耗过度,意志力就被瓦解了。

因此,我们不能总是输出能量,我们要善于积蓄能量,创造势能。如何创造?很简单。举个例子,读书很反人性,如果你为了读书而读书,时间久了,会很痛苦,但是你如果是为了解决某个问题而读书,你读书的效率和兴趣就会大幅提升。

这个时候,读书并不消耗你的能量,为了特定的目的,产生了阅读兴趣,这种兴趣会让你创造新的势能。当你为了兴趣和好奇心做事,你就不是在消耗势能,而是在创造能量。

同理,如何获得持仓耐力?你要"不动如山",给自己蓄势,创造势能。这个势能就是你必须耐得住寂寞，克制住参与的欲望。这个克制的过程类似拉弓的蓄势过程，越忍，势能越大，一旦条件具备了，行情突破，则"其疾如风"，即可体验"秋风扫落叶"的酣畅淋漓。

相反，如果我们在震荡行情中不停地参与买卖，那么我们就是在消耗能量。

长方形方框中的走势上下两难（见图5.3），价格呈震荡无序状态。这个时候，趋势交易者参与其中，很容易多空单子被市场通吃。当趋势交易者快失去耐心时，价格突然向上突破，走出一波强劲的上涨趋势。

如果我们不能在市场震荡时保持定力，盲目参与其中或者期待通过窄幅震荡的高抛低吸赚钱，我们的心力能量就会在这个阶段消耗殆尽。对于后面的趋势行情，我们很容易失去长期持有的耐力。

图 5.3　长方形框中的走势上下两难

就像前面读书的例子，持仓耐力也一样，账户有了正反馈，交易者才会产生新的动力。如果在震荡行情中我们的持仓一会儿赚钱，一会儿亏损，就很难产生正反馈。

因此，趋势交易者的最佳入场点就是情绪点燃后的突破行情，之后的价格要么是假突破，要么是节节高，如此才能找到交易赚钱的乐趣。

07
勿掉入过分探索市场奥秘的陷阱

> 吾生也有涯，而知也无涯。以有涯随无涯，殆已！已而为知者，殆而已矣！
>
> ——庄子

聪明人都有一个优点，就是好奇心强，喜欢用大脑去分析与判断。因此，越是聪明的人，有时候越容易陷入主观主义中不能自拔。"疑邻盗斧"的故事告诉我们，人性的弱点之一就是只愿意看到我们想看到的东西。

如果我们想要还原事物的本质，就必须放下那个"愿意"的主体，即"我"。我们判断这个世界，总是用我们"肉眼凡胎"的有限理性，这有限的理性只能让我们看到事物的表面，无法让我们看清事物的本质。

作为交易者，我们要清楚，我们的理性是有限的，我们不可能对市场发生的所有事情都"如数家珍"，更进一步，即使我们知道所有信息，也未必能做出精准、及时的判断，因为信息总是滞后的。

不同股票的价格走势从来都是千差万别的。我们科学地回测了过去的行情，得到了完美的交易模型，但是它能否预测未来呢？

很明显，再完美的交易模型，也仅仅代表过去，对于未来，一定是无能为力的。

市场走势是无常的，如果不明白这个道理，用自己有限的理性和有限的职业生涯"皓首穷经""焚膏继晷"地研究市场，那么结果必将是一无所获。

我很羡慕那些早早就对一个正确的理论"信解受持"的人。但斌在其著作《时间的玫瑰》中写道，巴菲特之所以伟大，不在于他在 75 岁的时候拥有了 450 亿美元的财富，而在于他年轻的时候想明白了许多事情，然后用一生的岁月来坚守。

投资，最重要的不是研究市场，而是坚守原则。多变的价格不能给你带来安全感和确定性，唯一能带给你安全感和确定性的是你所坚守的能力圈。

因此，交易者的成功不取决于对市场价格研究得有多深，而取决于对自己的交易策略研究得有多透。当你很清楚什么时候市场是符合预期的，什么时候市场是不符合预期的，及时采取相对应的策略，你离成功就不远了。

我们对市场是敬畏的，我们对未来是无知的，我们不知道深邃的大海究竟隐藏着什么秘密，但是我们可以在浅海抓到我们所需要的鱼类，这就够了。

在能力圈内行动，在能力圈外探索。交易者是行动派，分析师是探索派。交易者不需要用有限的理性去超越无限的市场。明白自己的能力边界后，剩下的时间就是"静待花开"了。

08
自律的禁果效应与交易的一致性

> 吾十有五而志于学,三十而立,四十而不惑,五十而知天命,六十而耳顺,七十而从心所欲不逾矩。
>
> ——孔子《论语》

如果一个相对成熟的交易者,对市场已经有了比较深刻的认知,而且也建立了正期望值的交易系统,那么他是否就能够持续盈利呢?答案是不一定。

问题出在哪里?一致性。就是作为一个有血有肉的个体,是否能够坚定地执行交易系统。很多交易教练告诉你,一定要自律,一定要坚持交易系统的一致性,但是这似乎并没有太大的用处。

道理都懂,就是做不到。很多时候,人的行为受制于情绪,而非理智。因此,如果我们从术的层面接受一套纪律的约束,必然会失败,这就是"禁果效应"。禁果效应也叫作"亚当与夏娃效应",越是禁止的东西,人们越会渴望。越掩盖某个信息不让别人知道,越会勾起别人的好奇心和探求欲。"禁果效应"与人们的好奇心与逆反心理有关。有一句谚语——"禁果格外甜",说的就是这个道理。

因此,没有人可以长期克制自己的欲念,除非他从更高的维度提升认知。

自律使人自由，但是自律的前提是你获得了快乐，这种快乐远超"禁果"带来的刺激感。因此，修行之人寻求的是超越物质的精神快乐，因为物质无常，但精神永随。

如果不能在精神层面体会自律的快乐，早晚会堕入欲望的深渊。如果热爱，就会沉醉其中，一般人视自律为苦，他却不觉得苦。终极的自律就是孔子所说的"从心所欲而不逾矩"。

"建立自我"不容易，"追求无我"更困难。当我们建立了对市场价格无常的认知，明白"市场总是不可测，但有趋势""我们没办法战胜市场""市场不是天天有机会"等正确观念后，我们就会放下执着心，臣服于市场。

当我们接受了市场价格的波动，不强求市场应该如何之时，我们就接受了交易规则是我们的一根拐杖，我们要把拐杖当成我们身体的延伸。

当我们的行为不再与自己的本能相排斥，我们就达到了"由心生律"的悟道之境。

09
要"为道日损"才可走上交易正道

> 为学日益,为道日损,损之又损,以至无为,无为而无不为。
>
> ——老子《道德经》

老子认为,"为学日益,为道日损"。"为学日益",即做学问,是一个做增量的过程,你掌握的知识越多,对客观世界现象的认知就越全面,但这只是智的层面,如果你想要了解事物背后的本质,就需要"为道",要做的就不再是加法,而是减法了。

减法减的是什么呢?减的就是人的主观倾向,也就是"我执"。婴儿是天下最柔弱的人,秉性质朴天真,想玩就玩,想笑就笑,想哭就哭;他们口渴喝水,饿了吃饭,困了睡觉;他们高兴时会喊会叫,手舞足蹈。他们知行合一,心念到处,身体力行,这就是婴儿的自性真我。

但是随着婴儿长大,他们增长了知识,对世界的了解多了,私欲也在增加,拿到好吃的东西开始独享,慢慢地开始用分别心看待世界,反而变成了普通人。

这种从无到有,再从有到无的过程,不但是一个人的人生成长经历,还是对事业的追求迭代过程。悟道之路,一通百通,我们要做的就是"借假修真""借事修人"。

拿交易来说,想要从新手升级为交易大师,是一个艰难而曲折的磨炼过程。这个过程依旧是从少到多，再从多到少，最终回到最朴实的技术上，这个技术就是道之所寄。

有没有直接走上正确"道"路的可能性呢？开始我觉得可以，因为道本来就是朴实无华的，"大道至简"，但是后来我慢慢明白，"大道至简"这个境界是需要经历很多次复杂而不得其法才能达到的。

在术上的简化，是在道上的深化。我在 2014 年和一位做量化交易的老师一起做了一家私募基金公司。我非常佩服他对量化交易的研究深度，他发明了大量技术指标，都是市面上没有的，我被震撼了，有些指标准确率高达 90%，我如获至宝。

我们的看盘屏幕上显示着各类技术指标，我们希望在共振中寻求确定性的信号，但是越深入，我心越累，确定性没有提高，人却疲惫不堪，我发现我被各种指标束缚得喘不过气来。

后来，我离开这家私募才感觉重获自由。我不禁要问，为什么要本末倒置寄希望于一些本来就不应该存在的技术指标呢？它们没有帮到我，反而束缚了我对市场的感知。这就像我只是想要喝水解渴，你非要给我的白开水里加各种添加剂，我喝完不但没有解渴，反倒拉肚子了。

所谓的减法，也不是乱减，减的是冗余，既不多也不少。就像选美一样，真正的好身材不会太瘦或太胖，而是刚刚好。

交易技术不宜复杂，因为越复杂的方法主观性越强。所有的技术都只有一个目的，就是帮助我们客观看待市场，挖掘市场语言所表达的意思。比如 K 线遇到一个支撑位置，总是出现下影线，那么就意味着这个位置是有买方力量支撑的，至于为什么会有支撑，我们不得而知，也不需要知道。

一旦你开始利用归纳法总结市场规律，得到方法论后，你就会用你的定式去认知市场，但是市场真的会按照你以为的剧本走吗？

很明显，那是不可能的。越是复杂的技术，越是无法如实反映市场，它更多反映的是交易者给市场下的主观定义。

技术只是渡你过河的竹筏，你应该关注的是彼岸的花，而非竹筏本身，切不可舍本逐末。在我完全理解交易之前，我总觉得那些交易高手掌握了不可告人的密码；当我完全理解交易之后，我发现一切皆可为我所用，但一切皆不能束缚我。

10
如何利用资本市场的定价功能获利

> 定价就是定生死。
>
> ——稻盛和夫

有一位朋友抱怨做期货交易太难了，价格日内反复上涨下跌，根本没法参与。当他做多时，价格快速跳水；当他恐慌离场时，价格又大幅拉升。确实如此，但是市场本该如此，抱怨是解决不了问题的。我们只能正确认识市场的这种反复性，并学会利用这种反复性。我们掌握的规律越多，交易就越顺利。

我们说，价格是多空博弈的结果（如图5.4），在决出胜负之前，买卖双方对每一个价位的争夺是常态。这就像打地基，哪块地基没有经过反复捶打，都是不够牢固的。当多空双方在一个价位反复拉锯，最终大家都接受的时候，这个定价就是市场的公允价格了。

如果多空双方对一个价位反复争夺，大概率这个位置多空双方分歧极大。双方争夺越激烈，定价越精准。如果一个价格被跳过了，那说明这个价格并不是市场共识，而是情绪惯性，这就是缺口的本质。

每个价位都需要被考验，当一个缺口因为情绪而非博弈被跳过时，这个缺口理论上是要被补上的。反过来，如果一个市场的K线图上缺口很多，那只能说这个市场博弈不激烈，流动性太弱，那么这个市场也就失去了真正意义上的定价权。

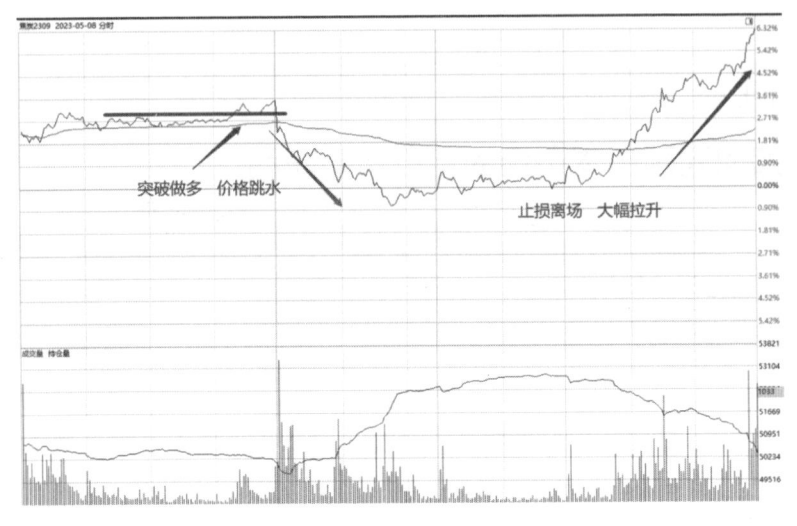

图 5.4 价格是多空博弈的结果

从根本上说,流动性才是定价的关键。如果市场价格很高,但是没人接盘,这个市场就是"有价无市",基本上也失去了定价功能。

很多年前,我做过一个地方交易所的现货交易。因为这个市场流动性很差,参与者太少,基本上开盘十分钟涨跌就完成了,这就是一个很不成熟的市场,少了博弈。没有博弈的市场,就失去了定价功能,所谓市场的公允价格也就不存在了,可以说,这个市场价格是无效的,这个交易所也就没有任何公信力了。

因此,当我们参与有定价权的交易所的产品交易时,我们会发现一个问题,就是价格日内涨跌幅度极大。明明早盘跳水突破了,我们一旦追进去,市场就反弹了,这让我们无所适从。我们会奇怪,明明这种突破交易手法没问题,为什么却出了问题呢?殊不知这不是交易手法的问题,而是使用它的人没有将它用在正确的时机上。因此，我们在不同的市场上操作要有所不同。

定价功能强的市场

定价功能强体现在两个方面：流动性充沛和流通盘较大。

在交易的二维世界里，空间和时间是有关的，而拥有定价权的市场，大多不会在开盘不久就结束多空博弈，多空双方必然在盘中反反复复争夺。

基于此，你应该明白，这种市场，突破策略最好选择在多空博弈明朗时顺势使用，而抄底策略最好选择在博弈激烈的盘中逆向使用。

此外，我们还要关注量价关系，"量在价先"是非常有道理的。对于突破策略而言，需要格外关注市场的蓄势情况，即在价格反复中，主流资金能否达成一致。一致性越强，突破动能越充沛。

定价功能较弱的市场

一般而言，商品市场定价能力强于股票市场，大型白马股的定价功能强于小型题材股。通常，当市场定价功能较弱时，价格反复性不强。

确定性越强的时候，对执行力的要求就越高。一只股票，开盘30分钟即封涨停（见图5.5），基本上不会给你太多思考时间，越是如此，第二天大涨的确定性就越大，这就是一些追涨停交易者的底层逻辑。

市场参与者的认知差造成了价格博弈，在对每个价格的反复争夺中，定价变得公允而有效。这个时候，我们要善于利用价格日内的反复，以获得成本优势，同时在博弈明朗后参与突破。而当市场公允定价权丧失时,价格的确定性较强,比的就是参与者的执行力了。

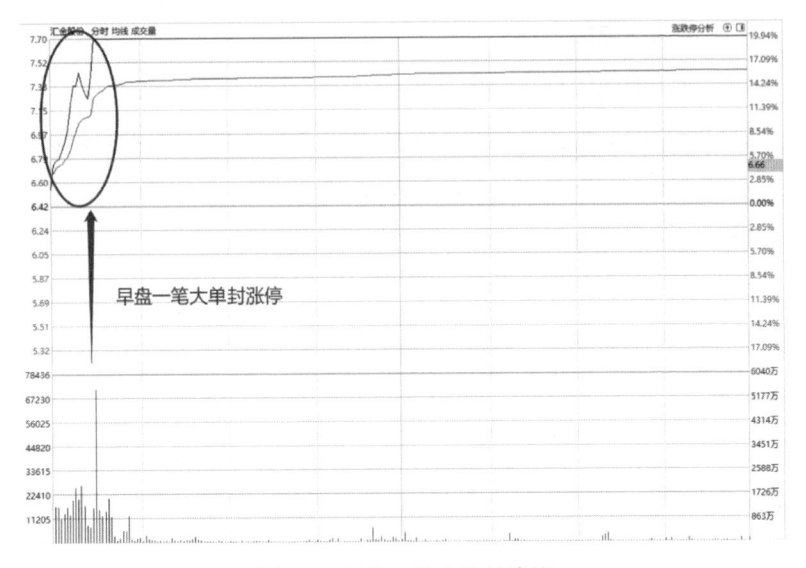

图 5.5 早盘一笔大单封涨停

11
如何避免亏损

> 同于道者，道亦乐得之；同于德者，德亦乐得之；同于失者，失亦乐得之。
>
> ——老子《道德经》

一个交易者能够稳定盈利，不用说，他肯定做了符合市场交易之道的事情：要么获得胜率优势，要么获得赔率优势，很少犯错、不犯大错。

虽然方法不同，但市场赢家有共同点：他们总是能在犯错时快速认赔，在操作正确时坚定持仓。市场赢家无一例外都是冷静的交易者。

反观那些长期亏损的交易者，他们肯定是犯了一些致命的错误，这些错误集中体现在"逆势重仓死扛，盈利过早离场"。他们亏损的原因千差万别，有的是认知问题，有的是执行问题，但更多的是心态问题。

有人说："交易就是钱从内心急躁的人流向内心平静的人的一种游戏。"

内心平静、不急躁、自我控制能力强大的人通常能够尊重客观规律，不会盲目做事，在没有机会的时候耐心等待，在机会来临的时候敢于重仓出击。

反观内心急躁的人，往往急于求成。当你急不可耐地到处寻找机会的时候,必然会犯错。假信号让你上当,洗盘让你恐惧,反弹让你心存侥幸,暴跌让你内心绝望。

当你的情绪一再被市场影响而不自知的时候,你的行为就会失控。比如,当你连续几次试错盈利变亏损,紧接着大行情开始,你的账户盈利了,于是你赶紧获利了结,然后与大行情失之交臂。

资本市场不创造价值,资本市场是财富再分配的场所,犯错少的人赚犯错多的人的钱。

因此,想要避免亏损就要少犯错,不犯大错。正如杰西·利弗莫尔所说,人如果不犯错,用不了一个月就能拥有全世界,但是反过来,如果他不能从自己的错误中汲取经验教训,则会一无所获。

交易的本质是博弈,正如《孙子兵法》所言:"昔之善战者,先为不可胜,以待敌之可胜。不可胜在己,可胜在敌。故善战者,能为不可胜,不能使敌之必可胜。故曰:胜可知,而不可为。"

所以,交易者最终比的是什么?既不是资金量的多少,也不是技术的高低,而是谁犯错少。

如果所有的交易者都谨小慎微,大家都赚不到钱,这个市场就会变成"完全有效市场",但是,完全有效理论不成立,因为大部分交易者不理性,或者更进一步说,人类从来都不是理性的。德国哲学家黑格尔曾说,人类唯一能从历史中吸取的教训就是,人类从来都不会从历史中吸取教训。

所有的炒作与牛市神话都来自新的概念和"新新人类"的出现。庞氏骗局永远不会消失,因为人性亘古不变。

12
从概率角度解读"无为而无不为"

此心不动,随机而动。

——王阳明

趋势交易思想更接近道家思想,讲究的是"大巧不工""无为而治"。道理很简单,但是背后的本质有几个人能明白呢?

对于交易而言,最重要的是什么?是执行,是一致性地执行。这个道理,我觉得稍微有点交易经验的人都知道,可能是因为太简单了,很多交易者反而不会遵守。

下面我从概率的角度来阐述"无为而无不为"的本质。

假如,一个盲盒中有两个球,一个是红色,一个是绿色。我们知道,二选一,随机抽取到红球或绿球的概率都是50%。好,这个时候,你来随机抽球,我在场外押注,当然,我希望抽中的是红球。

这个时候,我有两个选择,一个选择是我随机报一个颜色,另一个选择是我只报红色。理论上,前者的中奖概率是 $50\% \times 50\% = 25\%$,后者的中奖概率是 $50\% \times 100\% = 50\%$,显而易见,理性的你会选择后者,即只报红球。

我们把红球替换成正确的买入信号(C),把绿球替换成错误的买入信号(F)。我们的选择是参与(Y)和不参与(N)。这个时候变成了(C, Y),(C, N),(F, Y),(F, N),我们需要的是（C，Y），即信号正确时候的买入参与。这在四次循环中，才能够发生一次，即有25%的准确率。

显然，我们只选择出现信号就参与，只有（C，Y）和（F，Y）两个组合，即两次循环出现一次，这个时候就可以获得50%的准确率了。

我们基于这个简单组合就解释了所谓的"以不变应万变"的道理。当你不变的时候，整个事件只有对象的概率在变，但当你也跟着变的时候，反而提高了事件的不确定性。就是说，当你"有为"的时候，你会让概率降低，当你"无为"的时候，结果反而更好，变成"无不为"了。

值得注意的是，这只是最简单的模型，实际情况其实要复杂得多。比如说，胜率分布是不均匀的，牛市做多胜率大于熊市做多；而期货是可以做空的，组合就会变成6种；等等。

13
技术性优化与内卷式交易

> 绝圣弃智，民利百倍；绝仁弃义，民复孝慈；绝巧弃利，盗贼无有。
>
> ——老子《道德经》

不知道大家发现没有，沉迷技术分析的交易者，一般比较喜欢高抛低吸的震荡行情，他们甚至会对非常明朗的趋势行情嗤之以鼻，因为他们觉得这种行情太简单了，显示不出他们高超的技术能力。

我曾经也是这么看的。反思我自己的成长之路，我发现自己在学习交易的过程中，一度陷入一种误区，就是极端重视技术，对一个点位的误差都锱铢必较，因为我当时认为，市场每个走势都是有其内在含义的。

当我陷入唯技术论的误区时，我忘了一个重要的问题：来资本市场做交易，是为了赚钱，而不是为了炫耀聪明才智与超群的技术。

这么简单且朴实无华的道理，我竟然用了好几年才想明白。当然，这也和我的一位老师有关，他的交易手法是抄底摸顶。这种方法不是不能赚钱，而是赚的都是辛苦的小钱。有时候，真的不是交易难，而是我们自己的认知缺陷和性格硬生生地制造了很多难题。

中国有句古话，"小富靠勤，中富靠德，大富靠命"，诚然！当你侧重于震荡行情的高抛低吸，你一定会有优化技术的冲动。这句话只有做过很长时间交易并走过类似弯路的人才能真正体会。

但是，这种辛勤的劳作，最多换来小富即安。要想真正改变阶层，还得依靠市场趋势。如果你的运气足够好，赶上了一波世纪大行情，那你想不赚钱都难，但这可遇而不可求。

我们要逐步由依靠技术高抛低吸赚取利润，转变为依靠坚守趋势赚取增量利润。我们不要去参与严重依赖技术的震荡行情，而要去参与那些不需要复杂技术的趋势行情。

对于这个认知，我估计很多人会反对，他们会问，如果不依靠技术，那么凭什么赚钱？我的答案是靠简单的单边行情。这是这本书反复强调的。

这个认知其实具有普适性，比如说你去做生意，如果这个生意毛利率不高，竞争激烈，商家都在用各种运营手段打击对手，你怎么赚钱呢？你不得不比对手的价格更低，手段更是无所不用其极。这又是何苦呢？

所以，你能不能理解马云曾经说过的一句话："我用望远镜也找不到对手。"实际上，英伟达创始人黄仁勋也说过类似的话："我们的放弃获得了回报，我们创造了一个新的市场——机器人技术，拥有神经网络处理器和运行 AI 算法的安全架构。"

当你看到敌人就在你眼前时，说明这个市场已经极度"内卷"了，你应该放弃这个市场，就算还有回报，你也要放弃。

试想，如果你一直在震荡中利用技术高抛低吸，你不就是在红海中"内卷"吗？你做多时，你的敌人在阻力位等你；你做空时，你的敌人在支撑位等你。你身边全都是敌人，没有朋友。但是，当你跳出来，去做趋势行情的时候，你会发现，你身边没有敌人，全是朋友。大家齐心协力把价格拉起来，手拉手，成为亲密战友，钱赚得也相对容易。

14
随意重仓最致命

> 虽是虔婆杀我,娟奴是祸首罪魁,追了他去。
>
> ——郑若庸《玉玦记·索命》

市场价格的波动是无常的,如果你想要抓住每一个波动,就需要时刻做决策并操作。所谓"多做多错,不做不错",决策越多,犯错越多,这是显而易见的。在所有的错误操作中,有一个错误是最为致命的,即随意重仓交易。

那些在市场中销声匿迹的交易者,很多都是重仓交易者。而他们之所以重仓,原因只有一个:贪婪。

人的思考方式其实是很奇怪的,我们自以为拥有聪明的大脑,但是这个大脑仅仅是个工具,我们总是先有情感的倾向,再用大脑证明自己行为的合理性。

我们所看到的世界,其实是我们想看到的世界。当你喜欢一个人的时候,你会忽略他身上所有的缺陷,这就是所谓的"情人眼里出西施"。一对沉浸在爱情里的情侣,因为荷尔蒙的分泌,他们会自动忽略这个世界,眼里只有对方。

因此,一旦情绪给念头渲染了情感色彩,大脑就会自动过滤信息,这就是一千个人眼里有一千个哈姆雷特的根本原因。

当我们有了"想赚大钱"的预期,大脑就开始工作了,它像一个勤勤恳恳的参谋,密切关注并寻找市场机会,一旦有了一丝希望，就会赶紧报告主人：有一个千载难逢的机会，要不要跟一下？于是，你很高兴，机会就在眼前，那必须得下重注，不能让机会白白溜走。在期待的幻想中，你的全部仓位迅速押注完毕。结果呢？可想而知，大概率要大亏。因为资本市场的价格波动是无常的、难以预测的，属于你的机会也是稀缺的、有限的。

把每次的潜在可能性当成必然的大机会，是我们随意重仓交易的原因所在。资本市场的凶险也就在这里，它总是"欲擒故纵"，先给你一点甜头，让你上套，再一次把你消灭了。

因此，我们想要保持冷静的头脑，就不要给头脑太多欲望，不要让头脑"被迫营业"，帮你去寻找那本不应该存在的机会。

你要知道，资本市场值得重仓押注的机会是非常少的，而且面对这种机会，你依旧要把风控放在第一位。重仓是贪欲的产物，一个过于贪婪的交易高手，堕入万劫不复的深渊只是时间问题，而且所谓的好技术会加速这一进程。

想要重仓交易但又不想面临破产风险，有没有办法呢？有。你记住一句话就够了：分批入场，盈利加仓，绝不补仓。

记住，交易者的安全感来自"常常轻仓，偶尔重仓"，重仓一定是有了盈利保障后的行为。

15
什么样的风险才是真正的风险

> 当人人都相信某种东西没有风险的时候,价格通常会被哄抬至蕴含巨大风险的地步。
>
> ——霍华德·马克斯《投资中最重要的事》

我端午节带着孩子回老家看望长辈,当晚叔叔在一个蒙古包酒店请客,孩子和久未见面的小哥哥玩耍。当我沉浸在吃饭的愉快氛围中时,突然听到孩子在外面大哭,我赶紧出去看,发现出大事了,孩子的左臂摔断了。

我看了事发现场,那是一个没有建好的蒙古包,周围都是水泥深墙,黑乎乎的。几个孩子玩得很开心,压根没有注意这墙有多高。孩子纵身一跳,就把胳膊肘重重地摔在了下面的水泥地上。

孩子左臂粉碎性骨折,不得不手术。事后我问孩子,为什么不注意危险呢?他说他没注意到,以为没有危险。

其实,真正的道理都是很简单的,四岁的小孩子都懂。做交易无时无刻不在和风险打交道,最显而易见的风险是价格波动,对这个风险大家都是有心理准备的。但是,有一种风险是大家难以意识到的,即"我们自以为可以掌控我们不熟悉的事物"。换句话说,我们意识不到的风险才是最大的风险。因此,对一个交易者而言,当你很笃定自己的判断时,一定要去多了解别人的观点。

巴菲特一直强调能力圈。1996年,巴菲特在致股东的信里第一次提出,自己投资成功最重要的原因是"能力圈"原则。

我在这里换一个角度重新解读一下所谓的能力圈。能力圈的本质是承认自己的认知不足和能力缺陷,不去逞强,不去做自己没有把握的事情。能力圈思维是一种减法思维和聚焦思维,即把不确定与没把握的冗余部分去掉,只留力所能及的部分,然后把全部资源聚焦于此。

当孩子受了极大的疼痛之后,我问他,以后还敢不敢?他说下次不敢了,对此我依然是打个问号的。

有时候,并非吃了亏就一定会吸取教训。观念上改变才是真正的改变,身体上就算受过痛苦,下次依旧可能犯同样的错误。

当我们的观念改变了,真正体悟到未知领域的风险是巨大的,那里有我们所不知道的不确定性随时会要了我们的命,我们的行为才能真正得到约束。

在日常交易中,大家经常会犯的几种错误包括:随意改变自己的交易系统,不按照交易系统买卖,随意买入自己不了解的品种,等等。

我是一个不愿意抄底的人,即便我大概知道底部在哪里我也不会参与。有朋友说,可以先建个底仓啊,我认为不遵守纪律都是从小事开始的,当你建的底仓盈利了,你会想下次不如直接重仓参与,于是坏习惯在不知不觉中就养成了。

不要在不确定的不可控的泥潭中待太久,我们要聚焦在确定性和可控制的领域中,赚该赚的钱,亏该亏的钱,一切都在计划之内。

16
交易的自律与悟道的区别

> 惠能没伎俩,不断百思想;对境心数起,菩提作么长。
>
> ——《六祖坛经·机缘品》

许久没联系的朋友给我打电话,说他"悟道"了。我知道他一直做期货,至于做得怎么样我不是特别清楚,但是我觉得应该不差,因为他身边确实有不少期货圈的优秀朋友。他说他终于放下了内心的执念,不再把暴利作为首要目标。之前只想着赚快钱,天天交易,快进快出,最终却一无所获,而现在不一样了,他很放松,有机会就参与一下,没有机会就等着。

对于交易来说,快就是慢,慢就是快。"快就是慢"说的是心态,"慢就是快"说的是结果。

我问他"悟道"是什么感觉,他说,就是彻底放空,不再执着。我知道他以前是做短线的,频繁交易,短时间内翻过很多倍,但是又亏了,反反复复好几次,折磨得他死去活来。

我说,这真的是应验了古人的一句话,"心不死则道不生"。一个人得先解决心理问题,才能做好交易,很少有交易者能始终保持心理健康,人毕竟是感性的。

初入资本市场时,人的内心还是很纯正的,一旦在市场待久了,盈亏引发分别心,任谁浸染其中,都难免受影响。因此,不经历"千刀万剐"的痛,很难破除偏执的"小我"。

人是要自律的，但是自律是远远不够的。我朋友早年做交易，总是去争行情，强行要求市场给机会，不停地进进出出，如此肯定是亏损的。后来在所谓的"高人"指点下，用了日内交易系统。他严格按照交易系统信号操作，一度翻了好几倍，但是一次突发事件令他爆仓了。

我问他为什么会爆仓。他说一时没控制住，想赌一把。其实这种错误在任何人身上都有可能发生。因为我们都是人，是人就有非理性的一面。

所谓"感时花溅泪，恨别鸟惊心"，一切都是情绪在先，理性在后的。譬如，你喜欢一个人的时候，你看到的都是他的优点；你讨厌他的时候，你看到的都是他的缺点。其实他没变过，改变的只是你的态度而已。

因此，如果一个人长期压制自己的情绪，总是用自律来要求自己，就很容易积累负能量，最终可能因为一件小事而大爆发。我这个朋友之所以爆仓，就是这个原因，不断压制自己不交易的欲望，总有一天理性缺位，非理性就会来个总清算。

"悟道"在本质上就是让非理性彻底被觉察和照见。一旦非理性的负能量被释放或者不再积累负能量，那么冲突与内耗就销声匿迹了。

"悟道"的人实现了理性认知和感性情绪的统一。当那个感性的小我彻底退位时，我们就不再需要通过自律来做正确的事情，正确的行为会如流水一般顺畅地发生，自然而然。

17
彻底聚焦，勇敢取舍

当闪电打下来的时候，你最好在场。

——查尔斯·艾里斯

我接触过不少稳定盈利的交易者，基本上都是谦逊柔和之人。

股票市场没机会的时候，你让"股神"来炒股，他也没办法赚钱。投资方法讲究的不是自洽，而是适合。你要去适应市场，而非让市场适应你。千万别以为你左手价值理论右手技术指标，就能够打败市场。

交易能赚钱，就是因为恰好市场有行情，恰好你在场；反之，交易若亏钱，肯定是因为恰好市场没行情，恰好你还在场。有人说交易是一场等待的游戏，这句话道出了交易的真谛。交易者的全部工作和使命都是为了在行情来的时候在场。这句话可以说是价值连城。有朋友说，这句话听起来确实是那么回事，但没有实战意义啊。其实不然，我写的大部分内容，看起来都是比较理论化的，但就是这种理论才能让你在多变的环境中以不变应万变。

我们总自以为是地认为常识就是真理，无须过分关注，比如苹果熟了会落地，大家都熟视无睹，只有牛顿傻傻地问："为什么苹果不掉到天上呢？"于是万有引力被他发现了。

回到主题，如果交易者想要在行情来时在场，那么需要做什么呢？

首先，耐心等待，因为行情大部分时间是不在的；其次，犯错时及时逃离，不要陷入泥潭不能自拔；最后，也是最重要的，无论你用哪种交易方法，都必须围绕大行情使用。

最后一点尤其重要。当大行情来的时候，你必须不惜一切代价在场。但是哪次是真正的大行情，你又不得而知，这个时候，就出现信号与概率的问题了。错误信号导致的损失就是你付出的代价。

如果你的交易系统让你只要遇到大行情就不在场，那你赶紧把它扔掉，它没有任何意义。因为大行情很久才来一次，千万别觉得它来了或走了和你没关系，机会总是稍纵即逝，错过了可能要再等上好多年。

我们要做的和必须做的，就是打造一套系统，哪怕这套系统就是追涨杀跌，只要能把大行情抓住就可以，在风控合理的范围内，我们要不惜一切代价。

"欲戴皇冠，必承其重。"要放下杂念，彻底聚焦，勇敢取舍，才能提升你的能量。能量大的人才能承载苦难。只有承载了苦难，你才有机会承载财富。

18
交易反人性就是预期你的预期

> 夫战，勇气也。一鼓作气，再而衰，三而竭。
>
> ——左丘明《曹刿论战》

有一天，四岁的儿子和外婆玩捉迷藏，他藏到了床底下，外婆半天没有找到。后来我问他为什么要躲到床底下，儿子说，因为他觉得外婆会认为他躲在门后面，所以他就躲到了床底下。

是的，这就是捉迷藏的魅力所在，即在博弈中寻求安全感和刺激感。

做交易，其实就是在和市场玩捉迷藏，体现在阻力位和支撑位的相互转换。当你基于支撑位做多时，安全感满满，突然一个暴跌，击穿了支撑位；当你基于阻力位做空时，充满获利期待，突然一个暴涨，让你猝不及防、不知所措。这就体现出市场反人性的特点，它会故意给你制造一个安全假象，然后立刻将其毁掉。由此，你常常能够感受到：正确的交易令人不安，而让你觉得安全的交易却是错误的。

更深一层分析，市场总是在制造短期规律，然后再将其破坏。这正是利用了人类大脑对秩序的偏好。大脑非常热衷于预测未来，总喜欢在无序中找共性，然后预测下一次相同事件什么时候发生。

于是，阻力位变支撑位、支撑位变阻力位的戏码反复出现，而交易者也乐此不疲地上当受骗。

A 与 B 两点形成一条直线，延伸到了 C，在 C 点价格获得支撑，这个时候，大脑发现了"规律"，大脑认为既然 C 点有支撑，这条直线将会成为牢不可破的支撑位（见图 5.6）。

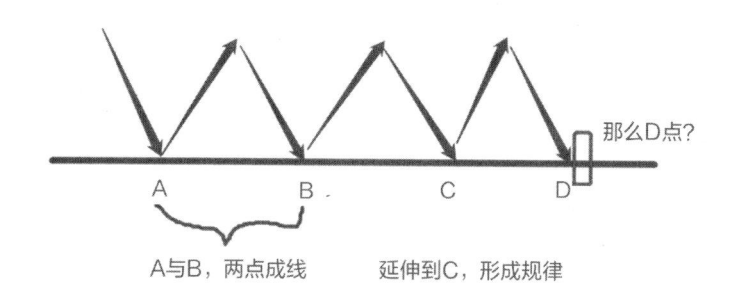

图 5.6　阻力位变支撑位、支撑位变阻力位

如果这个推理发生在自然界，那么很有可能是一个重要的自然发现，但这里是资本市场，是博弈的市场，当规律一旦被发现，市场就会反规律。于是，市场在 D 点，在你兴奋地认为找到了千载难逢的做多机会的点位，展开了破位暴跌行情。

这就是《曹刿论战》所表述的"夫战，勇气也。一鼓作气，再而衰，三而竭。"战争也是博弈，博弈就要预期对手的预期，任何事情一旦超过三次，就容易形成认知定式。你的预期只要形成定式，就会被对手掌握，聪明的对手一定会反其道而行之。

图 5.7 是商品期货焦煤的走势图，如果第四次你重仓做多，迎来的将是漫长的暴跌行情。

这里有三点非常值得我们借鉴：

一是超过四次的阻力位或者支撑位，不值得信任；

二是在规律刚刚形成的时候，可以选择相信；

三是一旦阻力位或者支撑位被突破，很有可能形成一波比较大的趋势行情。

图 5.7　焦煤的走势图

基于以上三点认知，我们就可以形成交易计划了。以图 5.6 为例，在 C 点做多，止损在支撑位下面；在 D 点等待突破形成后做空，止损在前支撑位上方。

这两个策略分别是抄底策略和破位策略，而且胜率和赔率都比较高。因此，只要你能够掌握人性的规律，其实在博弈中获得胜利并不难。

值得注意的是，一定要等到价格突破才能入场，因为市场不存在简单规律，却存在很多例外事件。

虽然支撑位已经被多次触碰，但是没有一次形成价格突破。如果你利用本节的方法在价格破位之前下单做空，那么你很可能会空在底部位置（见图 5.8）。

实际上，这个例子没有形成突破也是有其底层原因的：震荡幅度太大了，多空双方都有丰厚的利润，在这种情况下，市场有延续的惰性。只有震荡幅度比较窄，多空双方的利润都不大，甚

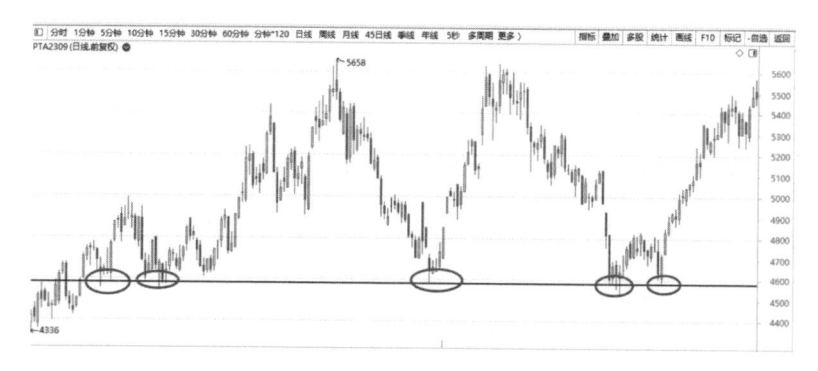

图 5.8　震荡幅度过大可能是假突破

至无利可图的时候，价格才有强烈的突破动力。

　　交易是否反人性？我发现很多人在探讨这个命题，但都是隔靴搔痒。有人说交易反人性，有的人持反对意见，觉得是方法不对，无关人性。

　　实际上，我们说得交易反人性，反的其实是我们自己的主观预期。

　　问题的本质不在于交易反不反人性这个表象，而在于我们是否按照市场运行之道行事。有的人天生贪欲很重，执念很深；而有的人天生性格温和，宽容大度。

　　第一种人很容易固执己见，尤其资本市场价格波动引发的盈亏，时刻影响着交易者的心境。他们很容易产生与市场对抗的心理，因此，必须通过反人性并按规则行事，才能赚钱。

　　与第一种人形成对比，第二种人不容易固执己见，会尊重市场，稍加引导，很容易按照市场的运作规律行事，悟性高。

　　由此可见，反不反人性，取决于交易者自己的性格。越是偏执的人，越应该反人性交易；越是性格柔顺的人，越应该顺应本心交易。

19
把精力倾注在不变的确定性上

合抱之木,生于毫末;九层之台,起于累土。

——老子《道德经》

如果你学过几何学,就会发现,几何的基础是公理,所谓公理就是不证自明的基本事实。比如内容庞杂的欧氏几何大厦的基石是五条公理。但公理并不是无懈可击的,比如非欧几何认为平行线在无限远处必相交,直接打破了欧氏几何的一条公理。

无论如何,你所信仰的公理越接近真相,你的认知体系距离客观事实就越近。我们要做的就是把自己的理论尽可能建立在不变的公理基石上。

不论是投机还是投资,我们所采用的方法和工具都必须有值得信仰的、符合市场运作之道的、长期有效的假设做基础。可以这么说,你的竞争力集中体现在你所掌握的确定性上。

有两个人是资本市场绕不开的,一个是价值投资派的格雷厄姆,另一个是技术派的查尔斯·道。格雷厄姆被称为"华尔街教父""价值投资理论的奠基人",他的著作《证券分析》被称为"投资圣经"。查尔斯·道被称为"技术分析理论的鼻祖",道氏理论被称为技术分析的始源理论。

简而言之,基于价值的投资基石是公司估值,基于技术的投机基石是价格趋势。具体来看,价值投资有四项基本原则,即买股票就是买公司、市场先生情绪无常、要买有安全边际的股票、要坚守自己的能力圈。而投机有三大假设,即价格反映一切、价格按趋势运行、历史会重演。

对于价值投资者而言,买股票就是买公司,而公司是实在的、有价值的。常识告诉我们,当价值被低估时是买入机会,当价值被高估时是卖出机会。这似乎是一句废话,但"废话"才是不用被证明的公理。

价值投资者的所有工作都应该围绕估值展开,不管是投资白马股还是成长股。

价值投资者需要对公司了如指掌,即使是商品价值投资,也要对商品现货了如指掌。价值投资者要研究企业的经营模式、市场前景、财务状况、团队管理等,以确保自己的投资能够最大限度地避免风险。当你对公司进行了综合而深入地评估,获得了估值确定性时,投资风险就变小了。

与价值投资的关注点不同,投机更需要了解自己的交易模型。投机研究的是价格,借助的是趋势,但趋势是难以把握的,因此投机者需要识别趋势、顺应趋势,对市场不变的一面进行剖析。

什么是趋势背后不变的因素?答案是供求关系。

价格是在买卖双方的博弈下形成的。当买方力量大于卖方时,价格上涨;当卖方力量大于买方时,价格下跌。趋势的形成一定来自一方力量的突破。

因此,趋势投机者的主要工作应该围绕突破展开。这里有一点争议,因为利用价格波动做交易的交易者并不关注这个,但是我宁可把这些交易者排除在投机者行列之外,他们是为市场提供流动性的"帽客",他们凭借的是交易直觉或者市场漏洞,比如"涨停板敢死队"。

价格的运作是混沌的,既有趋势性有序的一面,也有震荡性无序的一面。因此,形态理论的价值就是把震荡行情看作蓄势形态,然后在突破后形成趋势形态。形态理论不关注震荡的供求平衡期,关注的是突破的趋势形成期。

面对纷繁复杂的资本市场以及变幻莫测的价格走势,我们绝对不能被表象牵着鼻子走,一定要由表及里,从现象到本质,抓住市场的"牛鼻子",找到那个确定性,然后把我们所有精力都倾注其中。

20
回归初心，走上投资的正道

后其身而身先，外其身而身存。

——老子《道德经》

对于投机与投资的差别，大家都有自己独到的见解，但最终都会落在一个中心点上：你是赚对手技不如人的钱，还是赚市场估值错配的钱？前者是投机，后者是投资。

投机的初心是把对手的钱转移到自己的口袋里，投资的初心是纠正市场错误定价，解决市场定价失灵的问题。从这个意义上看，投资的社会价值大于投机。

成为股市赢家的前提是你要认识自己、定位自己，回归自己的初心，知道自己赚的是什么类型的钱。

选择投机，你赚交易对手的钱，你需要比对手交易更快速，获取信息更及时，判断更精准，你要学习基础的量价分析和趋势分析，更要精通多空博弈背后的行为与心理分析。

选择这种交易方式，你的周边都是敌人和潜在竞争对手。你所赚的每一块钱都是别人亏给你的。你赚得越多，你的对手亏得越多。

投机很容易被反噬。你可以利用投机积累本金，"弱水三千只取一瓢"，千万不要被贪欲冲昏头脑。反观那些投机行家，最终能安全退出的有几人呢？

究其原因，投机伤害的人太多了。就像那以小鱼小虾为生的鲸鱼，结局总是"一鲸落，万物生"。

选择投资，你赚企业估值错配的钱，你需要懂得业绩估值方法、公司增长逻辑、团队管理水平、消费市场增长、企业护城河、市场供求关系等，但这些都不是最核心的，最核心的其实是你的投资行为是否创造价值，是否有利于市场资源配置优化。

当企业一切都好，却遇到行业低谷期，你是否能帮助它安然度过危险期？当公司需要研发造福人类的产品，却缺乏资金，你是否能慷慨解囊？反之，当一家公司日落西山，却霸占着社会资源，虚高的估值引发资源错配，你是否能为纠正这种错误出一份力？

能够赚取财富的人，要么直接创造财富，要么帮助创造财富的人创造财富，这才是投资的正道。

投资正道的初心是多多思考自己的经济行为是否有益于社会。伟大的投资家要想的并不只是自己要赚多少钱，而是对社会的整体利益带来多大的好处。

真正的投资家喜欢做雪中送炭的事情，帮助企业成长，帮助价值回归，帮助资源实现优化配置。有了这个初心，他们起心动念皆是善意，行行处处皆是利他，最终成就了企业也成就了自己。

这类投资者赚的钱越多，说明他们给社会带来的好处就越多，他们每赚一分钱就意味着帮助社会经济成长了十分。

希望每一位交易者都能回归初心，走上投资的正道。

后 记

如何找寻交易的确定性？这是千千万万交易者孜孜不倦的追求，但在市场价格的变化无常面前，所有的事前预测都显得幼稚徒劳。"行有不得，反求诸己"，交易的确定性永远不在外面的市场，而在我们自己的内心。

说到底，交易是一场自我斗争的心理游戏，交易技术本身并不算难，不过就是胜率和赔率的模型搭配，难的是人性。

知识可以学习，但智慧难以提升，交易技术的核心是概率，是在不确定性中寻求确定性，概率的核心是风险控制，让自己"先不败而后战"。

实际上，我们每一次的交易都只是一次试错，因此不要对任何一次下单抱有不切实际的希望，错了就要立刻止损，对了就要坚定持仓直到市场反转。这就是交易的真谛。

在市场中，要谨记生存第一，风险控制是重中之重；要认清情绪之虚无，绝不情绪化下单，从亏损预期出发而非美好幻想。我们一定要懂得，专注才是成功的关键因素，成功的交易大体上是反人性的。

　　我深知交易之路非常艰辛，写《交易的真谛》这本书，是希望把自己十多年来对交易的点滴认知与经验感悟记录下来，给予那些苦苦探索交易真谛的交易者一丝光明，用智慧之灯照亮其黑暗之旅。

　　虽然我知道这种力量非常微弱，知识可以传授，但智慧只能启迪。愿天下没有失败的交易者！

　　在此，感谢亲人、朋友、读者对我写作的一路支持，感谢本书编辑的辛苦工作！在写作本书之时，我儿子严重骨折，这给我又上了关于风险控制的生动一课，在此，愿他健康快乐每一天！